ALMANAQUE
DA RÁDIO NACIONAL

ALMANAQUE DA RÁDIO NACIONAL

RONALDO CONDE AGUIAR

Casa da Palavra

Reprodução das vinhetas de abertura e encerramento dos programas da Rádio Nacional em CD autorizada por Radiobrás.

RÁDIO NACIONAL
DO RIO DE JANEIRO
AM 1.130 KHz
UMA EMISSORA RADIOBRÁS

Todos os esforços foram envidados no sentido de garantir o devido crédito aos detentores de direitos autorais e de imagem. Para os materiais que não puderam ser identificados e creditados com segurança, o direito está reservado. No caso de um detentor se identificar, faremos com prazer constar o crédito nas impressões e edições seguintes.

COORDENAÇÃO EDITORIAL
Martha Ribas
Julio Silveira

SELEÇÃO E TRATAMENTO DAS FAIXAS DO CD
Ricardo Manzo | Collector's Studios
www.collectors.com.br

CAPA E PROJETO GRÁFICO
Christiano Menezes | retina 78
Chico de Assis | retina 78

REVISÃO
Cristiane Pacanowski

PRODUÇÃO EDITORIAL
Maria Beatriz Branquinho da Costa

PRODUÇÃO GRÁFICA
Liciane Corrêa

PRÉ-IMPRESSÃO E FINALIZAÇÃO
Filigrana Design
www.filigranadesign.com

Aguiar, Ronaldo Conde
Almanaque da Rádio Nacional / Ronaldo Conde Aguiar. — Rio de Janeiro : Casa da Palavra, 2007.

il. 184 páginas
inclui CD "Almanaque da Rádio Nacional"
isbn ISBN 978-85-7734-082-8

1. Rádio Nacional — Brasil — história. Meios de comunicação — Rádio — Brasil — história. I. Título

CDD 791.44

Rua Joaquim Silva, 98, 4º andar – Lapa – Rio de Janeiro - 20241-110
Tel.: (21) 21.2222-3167 • divulga@casadapalavra.com.br
www.casadapalavra.com.br

Aos meus netos Gabriela, Vitor e Marina, que conhecerão um pouco da Rádio Nacional por meio deste almanaque.

À atriz Isis de Oliveira (Ivete Saveli), cuja voz tão meiga embelezou o meu prazer de sintonizar a Rádio Nacional.

Ao ator e amigo Gerdal dos Santos, que tanto me ajudou na feitura deste livro.

À grande cantora Zezé Gonzaga, cuja voz, afinação e simpatia permaneceram inalteráveis.

A Rádio Nacional foi uma universidade de rádio.
Floriano Faissal, radialista

O povo brasileiro fala a língua da Rádio Nacional.
Rubem Braga, cronista

A Rádio Nacional daquele tempo tinha pelo menos um ponto em comum com a televisão de hoje: pagava mal, mas dava um bruto cartaz ao artista.
Renato Murce, radialista

A Nacional era uma fábrica de grandes idéias. Ali havia grandes homens pensando.
Osmar Frazão, radialista

A história do rádio no Brasil ainda não foi escrita, infelizmente. Mas quando for, é certo que pelo menos um quarto do volume será ocupado pela antiga PRE-8.
Luiz Carlos Saroldi, escritor

A Rádio Nacional foi o canal exclusivo de informação e formação cultural do povo brasileiro, fazendo deste vasto paraíso tropical a primeira grande aldeia global dos tempos modernos.
Sérgio Augusto, jornalista

O que distinguiu a Rádio Nacional foi a sua personalidade, a sua programação diferente. Diziam até que a Rádio Nacional era um Himalaia: ninguém podia chegar lá em cima.
Paulo Tapajós, radialista

A Rádio Nacional era um caldeirão.
Gracindo Júnior, ator

Os programas de auditório abriram as portas do rádio – e da Rádio Nacional, em particular – ao povo.
César de Alencar, apresentador

A Nacional: uma fábrica de astros e estrelas.
Lia Calabre, escritora

A Rádio Nacional emocionou muita gente.
Cláudia Vignone, produtora musical

Eu ouvia a Rádio Nacional desde a hora que eu acordava até a hora de dormir.
Elis Regina, cantora

Descobri o mundo pela Rádio Nacional.
Cleusa Carneiro, fã

Acontece no RÁDIO...

“Liga o rádio, menino!”

Este *Almanaque da Rádio Nacional* não pretende ser um ensaio sobre a mais importante emissora da história do rádio no Brasil. É, antes de tudo, um testemunho pessoal, uma reminiscência compartilhada com os leitores e uma homenagem muito sincera a todos os homens e mulheres que fizeram a Rádio Nacional – e deram a tantos ouvintes emoções inesquecíveis e sensacionais.

Por outro lado, cabe acentuar que este Almanaque não quis se transformar num livro meramente saudosista. Ele procurou mostrar às novas gerações como uma emissora de rádio marcou e influenciou milhões de brasileiros, atravessando uma fase histórica particularmente rica e complexa, tanto interna como externamente. A Rádio Nacional é parte integrante da história da formação social brasileira, tendo desempenhado um papel excepcionalmente importante e singular, sobretudo no campo da cultura, durante as décadas de 1940 e 1950.

Como autor deste Almanaque, e como ouvinte da Rádio Nacional, que ainda hoje recorda músicas, sons e vozes da época, não escondo o quanto me emocionei ao longo da pesquisa e, é claro, durante a fase de elaboração e montagem do livro. "Liga o rádio, menino!" – ouço lá no fundo da memória a voz da minha mãe, repetindo a ordem de todos os dias. Ordem que, em segundos, se transformava, a partir do milagre da radiofonia, num caldeamento de fantasias e alegrias. Lembranças adormecidas, lembranças esmaecidas, lembranças ainda vivas – todas vieram à tona ao longo dessa empreitada, dando-me a sensação, talvez a certeza, de que, ao levar adiante o projeto deste Almanaque, eu estava garimpando uma parte da minha própria vida. Uma parte muito importante, que me ensinou a ser o que sou.

A emoção e a saudade foram muitas, mas valeu a pena. "Recordar é viver" – nos ensinou um velho samba dos anos dourados. Só espero que este Almanaque produza nos leitores as mesmas emoções que senti.

Este livro não seria possível sem o apoio, o carinho e compreensão de várias pessoas, cujos depoimentos desejo registrar: Ângela Maria, Cauby Peixoto, Zezé Gonzaga, Gilvan Bezerril (Trio Irakitan), Emilinha Borba, Rodney Gomes, Adelaide Chiozzo, Carmélia Alves, Carmem Costa, Violeta Cavalcanti, Severino Filho (Os Cariocas), Ademilde Fonseca. Desejo, em especial, fazer um agradecimento a Gerdal dos Santos, que me facilitou contatos e soube me contar histórias deliciosas sobre a Rádio Nacional. Vítima das perseguições que se seguiram ao golpe militar de 1964, Gerdal retornou à Rádio Nacional, onde apresenta hoje um programa de grande sucesso.

Contei, ainda, com a ajuda da jornalista Cecília Giannetti e com o apoio do ex-diretor da Rádio Nacional, Cristiano Menezes, que desde cedo mostrou entusiasmo por este projeto. Ele franqueou-me os arquivos da Nacional, apresentou-me a pessoas e esclareceu minhas dúvidas.

À Radiobrás – e aos seus funcionários – meus melhores agradecimentos.

A Rádio Nacional e os anos dourados

Naquele tempo, todos os lares tinham, pelo menos, um aparelho de rádio, estrategicamente visível e impoluto sobre o móvel mais importante da sala. Era, na verdade, uma espécie de altar: a caixa de madeira falante ficava quase sempre no centro, como uma imagem a ser cultuada por todos da família. Ao lado do aparelho, tanto à direita como à esquerda, um abajur, um cinzeiro, um bibelô de louça ou castiçais com suas velas enceradas – brancas, vermelhas ou azuis. Ali, o sagrado e o profano misturavam-se: os deuses e os santos eram os astros e as estrelas. A fé, o amor que os ouvintes sentiam por eles.

Os aparelhos de rádio permaneciam, em geral, ligados o dia inteiro, transmitindo um mundo de fantasias onde riso, lágrima e emoção se alternavam ou se somavam ao sabor de uma programação variada, que incluía radionovelas, musicais, noticiosos e programas humorísticos, de auditório e de variedades. Parece estranho, mas foram as fantasias radiofônicas que nos fizeram saber que existia um mundo real lá fora.

Não sabíamos – talvez pouquíssimos percebessem isso na época – mas o rádio foi um instrumento essencial à nossa feitura como nação. O rádio levou às cidades (pequenas, médias e grandes) e aos rincões mais afastados uma mensagem – boa ou má, não importa – que uniu brasileiros em torno de algumas aspirações e desejos comuns. O rádio criou e recriou estilos de vida. O rádio inventou palavras, expressões e práticas cotidianas. O rádio moldou interesses e estimulou idéias e comportamentos. Através das ondas do rádio, forjamos traços singulares da nossa identidade, a partir da qual edificamos, aos trancos e barrancos, o nosso país possível – este que aí está. Imperfeito, desigual, macunaímico.

O rádio pôs o Brasil e o mundo na sala do brasileiro. Com sua capacidade de falar simultaneamente a milhões de pessoas, o rádio transformou-se numa ferramenta poderosa de informação de massa. No Brasil, nenhuma outra emissora desempenhou tal papel, e com tamanha competência e alcance, que a Rádio Nacional. Como bem resumiu o jornalista Sérgio Augusto, a Rádio Nacional foi o canal exclusivo de informação e formação cultural do povo brasileiro, fazendo deste vasto paraíso tropical a primeira grande aldeia global dos tempos modernos.

Costuma-se dizer que a Rádio Nacional foi a Rede Globo dos anos 1940 e 1950, ou, o que dá no mesmo, que a Rede Globo é, hoje, o que a Rádio Nacional foi no passado. As duas afirmações se justificam e, de certa forma, se completam. Contudo, a Rádio Nacional teve – e tem – sobre a Rede Globo a vantagem do pioneirismo, fruto, é claro, da contingência histórica de ser o rádio anterior à televisão. A verdade é que a Rede Globo vem transitando pelos caminhos desbravados pela Rádio Nacional no seu período áureo.

A PRE-8 criou praticamente tudo o que vimos e vemos na TV. As novelas globais, por exemplo, são viáveis e têm tamanha audiência porque, no alvorecer da década de 1940, homens talentosos e corajosos resolveram pôr no ar a novela *Em busca da felicidade*, do cubano Leandro Blanco, plantando um hábito e uma cultura que desde então só fizeram aumentar. E olha que, naquele tempo, tudo se fazia e criava através da interpretação pela voz – sem imagens, rostos e cenas mudas.

Todo mundo diz, e todo mundo está certo, que a Rádio Nacional foi um prodígio cultural e um notável fenômeno de massa. Os dados são insofismáveis: em 1944, segundo o Ibope, a Nacional detinha cerca de 70% da audiência contra apenas 10% da segunda colocada, a Rádio Tupi. O Anuário do Rádio, de 1950, informava que todos os cantores mais queridos do público pertenciam ao *cast* da emissora: Orlando Silva, em primeiro lugar, com 15%, Francisco Alves (14%), Sílvio Caldas (13%), Emilinha Borba (11%), Vicente Celestino (9%) e Carlos Galhardo (6%). Pertenciam ainda à Rádio Nacional os grandes astros e estrelas da radiofonia brasileira, entre os quais: César Ladeira, Celso Guimarães, Ismênia dos Santos, Isis de Oliveira, Daisy Lúcidi, Floriano Faissal, Paulo Roberto, Milton Rangel, Álvaro Aguiar, Paulo Gracindo, Paulo Tapajós, Nestor de Holanda, Heron Domingues, Renato Murce, Haroldo Barbosa, Brandão Filho, Almirante, Fernando Lobo, Manoel Barcelos, César de Alencar, Ghiaroni, Eurico Silva, Mário Lago, Radamés Gnatalli, Léo Peracchi, os cantores Ivon Cury, Heleninha Costa, Cauby Peixoto, Marlene, Dircinha e Linda Batista, Elizete Cardoso, Dalva de Oliveira e Ângela Maria.

Mas o apogeu da Rádio Nacional pode ser medido por outros indicadores. Entre as 13 emissoras de rádio existentes, em 1947, no Rio de Janeiro, cabia à PRE-8 um faturamento de 50 milhões de cruzeiros. A Tupi vinha a seguir com a metade: 24 milhões. A Mayrink Veiga faturava apenas 7,6 milhões, e a Continental, 6,7 milhões. Em miúdos: a Rádio Nacional faturava cerca de 12 milhões de cruzeiros a mais que a soma de suas principais concorrentes.

O declínio da Rádio Nacional teve início no dia 18 de setembro de 1950, data de inauguração da TV Tupi de São Paulo. No começo, ninguém se deu conta de que uma nova revolução estava começando. Aos poucos, porém, astros e estrelas do rádio começaram a migrar para a televisão. Programas inteiros, como o *Balança mas não cai*, a *PRK-30*, as *Piadas do Manduca*, programas de calouros, foram levados para a televisão, embora guardassem ainda a linguagem radiofônica. À medida que a televisão caía no gosto do público, a audiência radiofônica, inclusive a da Rádio Nacional, ia decaindo principalmente nos horários noturnos. Nos lares brasileiros, deuses novos estavam ocupando o altar que antes pertencera ao rádio.

Os dirigentes da Rádio Nacional não perceberam de imediato o alcance da televisão – e o tamanho do estrago que ela poderia causar na liderança da PRE-8. O fato é que a diretoria da emissora não viu futuro no novo veículo. Prova disso é que, na *Revista da Rádio Nacional* (nº 6, ano 1, janeiro de 1951), o diretor geral da Rádio Nacional, José Caó, observou que não era aconselhável investir na nova tecnologia, a qual, com certo desdém, tratou como uma "aventura", uma "temeridade", uma "moda passageira".

Segundo Caó, várias circunstâncias indicavam que "ainda não era chegado, para a Nacional, o momento de enfrentar o problema da TV". Na opinião do dirigente (talvez repetindo um argumento dominante na emissora), nada substituiria o rádio. A televisão era, na avaliação de Caó, um empreendimento deficitário: "a Rádio Nacional", concluiu, "não pode arriscar-se num empreendimento mais do que temerário, pois constituiria sorvedouro certo de suas reservas, até o esgotamento total".

Tais comentários, tão fora de sintonia com os novos tempos que se aproximavam, não podiam, é claro, perdurar. No ano seguinte, as autoridades da PRE-8 tentaram tardiamente montar a TV Nacional. Respondendo a uma fã, Celso Guimarães informou (*Revista Radioteatro*, nº. 49, ano I, dezembro de 1952) que era pensamento da direção da Rádio Nacional ter a sua própria televisão funcionando no início de 1954, o que acabou não ocorrendo. É bem possível que a crise política da época, que culminou com o suicídio de Getúlio Vargas em agosto de 1954, tenha influenciado negativamente os planos da PRE-8.

Durante o governo Juscelino Kubitschek, a Rádio Nacional tudo fez para obter, enfim, a tão almejada concessão de um canal de televisão. E, a julgar pelo depoimento de Moacir Arêas, a questão, em 1956, já estava praticamente decidida: "Muito cedo, nos próximos meses, os receptores de televisão da capital da República e adjacências estarão assinalando a existência do Canal 4, onde se estampará a imagem da nossa TV Nacional". Segundo disse Renato Murce, o presidente Juscelino Kubitschek teria, inclusive, em julho daquele ano, despachado o pedido favoravelmente. "Chegou-se", informou Murce, "até a importar todo o material da melhor qualidade. (...) Quando o material chegou à Rádio Nacional, foi encaminhado para Brasília. Está lá até hoje [1976]". Em suma: apesar da autorização presidencial e da importação dos equipamentos necessários (que foram levados para Brasília, lá permanecendo encaixotados), a TV Nacional não passou, novamente, de um projeto irrealizado. Por quê?

Conforme testemunharam Renato Murce, Fernando Morais, Mário Lago e Luiz Carlos Saroldi, a TV Nacional teve, desde cedo, um inimigo ferrenho e intransigente: Assis Chateaubriand, que sabia perfeitamente do risco que as suas Emissoras Associadas correriam com a presença no mercado da nova emissora. Escaldado nos pífios resultados (em faturamento e audiência) da Rádio Tupi frente à Rádio Nacional, Chateaubriand sabia que a TV Nacional levaria para suas antenas toda aquela incomensurável força, competência e experiência que sempre demonstrara. E não fez por menos: bem ao seu estilo, Chatô procurou de início demover o presidente da "loucura" que era dar um canal à Nacional. Como o esforço persuasivo não deu resultado, Chatô partiu para a truculência. "Entre os sorrisos de clichê", observou Mário Lago, "o presidente lhe fez ver que já tinha empenhado a palavra, não podia recuar agora, e o velho guerreiro não teve papas na língua: Se Vossa Excelência der o canal de televisão à Nacional, jogo toda minha rede de rádio, imprensa e televisão contra seu governo". Juscelino sentiu o golpe e preferiu não enfrentar o poder dos Diários Associados. Assim, a TV Nacional morreu antes de nascer.

Condenada à morte devido à concorrência da televisão, que crescia no gosto popular e ocupava espaços cada vez maiores de audiência, a Rádio Nacional sofreu o golpe de misericórdia em 1º de abril de 1964, quando César de Alencar, Hamilton Frazão e Celso Teixeira denunciaram inúmeros colegas às autoridades policiais, sob a alegação de que eram subversivos. Muitos deles foram presos. Muitos foram investigados e humilhados. Muitos foram demitidos ou aposentados. Alguns tiveram que recorrer ao exílio.

Sem uma parcela importante dos seus astros, que migraram de vez para a televisão ou estavam proibidos de trabalhar, a Rádio Nacional perdeu vitalidade. A época de ouro da Rádio Nacional chegara melancolicamente ao fim.

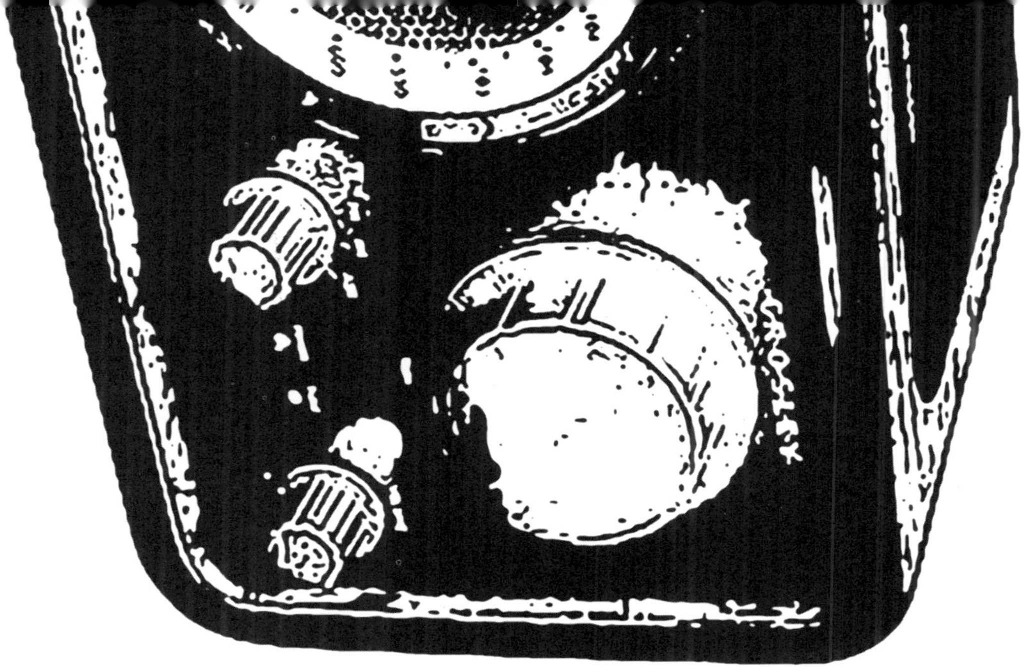

ALMANAQUE
DA RÁDIO NACIONAL

1

A PRAÇA E O PRÉDIO

A PRAÇA E O PRÉDIO: A RÁDIO NACIONAL

A PRAÇA

A praça é feia e desajeitada, mas tem encantos e nome ilustre: praça Mauá.

Homenagem a Irineu Evangelista de Sousa, barão e visconde de Mauá, empresário do Império, um homem que teve de lutar contra uma sociedade conservadora e tacanha, incapaz de entender as suas opções e estratégias empresariais. O monumento a Mauá, ali instalado, em 1910, por iniciativa do Clube de Engenharia, é obra de Rodolfo Bernardelli. Compõe-se de uma coluna dórica de pouco mais de oito metros de altura, no topo da qual, de pé, tendo na mão esquerda a bengala e o chapéu alto, Mauá parece observar, pensativo e sério, o vaivém dos transeuntes, dos automóveis e dos ônibus aos seus pés.

Como quase todas as praças da região central do Rio de Janeiro, a praça Mauá foi, na origem, um grande alagadiço, a Prainha, que, a partir do século XVI, passou por sucessivos aterros, até ganhar o contorno atual. Encravada entre os morros de São Bento e da Conceição, a praça Mauá é, na realidade, uma curiosa mistura de estilos, gêneros e modos de vida. De um lado, é reduto de boates, inferninhos e hotéis suspeitos, que sobrevivem até hoje em razão do movimento do porto. Durante décadas, ali reinou a figura mitológica do comendador Manuel da Silva Abreu, o Zica, cujo restaurante Flórida era ponto de encontro de marinheiros, desocupados, receptadores e prostitutas – além, é claro, de cidadãos ditos comuns, que lá iam saborear peixes e bacalhaus, especialidades da casa. De outro, a praça Mauá é sede da igreja e do Mosteiro de São Bento, marcos da ocupação da cidade. Declarado patrimônio

O prédio A Noite, na praça Mauá

mundial pela Unesco, o conjunto, erguido pela Ordem dos Beneditinos, data do século XVI e forma o mais bem conservado e autêntico exemplo do barroco no Rio de Janeiro.

Mas a praça Mauá não é só essa con tradição entre o mundano e o espiritual. É também o cais do porto, inaugurado de 1908. É, ainda, a rodoviária Mariano Procópio. São os velhos prédios do Touring e da Polícia Civil. É o elevado da avenida Perimetral. É o pós-moderno Rio Branco I, edifício inteligente de escritórios, cuja fachada é toda revestida por espelhos. A construção do Rio Branco I exigiu a demolição da Casa Mauá, derradeira representante dos prédios privados de arquitetura eclética do início do século XX. Mas as lantejoulas e os adereços do Rio Branco I não apenas destoam do cenário. Eles tapam a visão daqueles que, da rua ou da praça, costumavam olhar para o Mosteiro de São Bento.

A verdade é que, como acontece com todas as grandes cidades, todos os cantos do Rio possuem uma referência, que é, ao mesmo tempo, a sua marca e a sua história. A Lapa, por exemplo, é impensável sem os Arcos. O Flamengo é o aterro e o imenso jardim de Burle Marx. Copacabana é a praia, a "princesinha do mar", segundo a bela canção do compositor João de Barro, o Braguinha. Botafogo é aquela enseada calma e sujíssima, onde, no passado, golfinhos vinham passear e encantar os que iam assistir a seu balé. A referência da baía de Guanabara é o Pão de Açúcar, que compõe o cenário de fundo da enseada de Botafogo. Da Gávea, a referência é o morro Dois Irmãos. De Ipanema, as meninas que vêm e que passam, a caminho do mar. O próprio Rio de Janeiro possui a sua marca: o Cristo Redentor, braços abertos sobre a Guanabara.

A referência, a marca registrada da praça Mauá não é o mosteiro nem a igreja,

não é a Perimetral nem o Touring, não é o monumento ao seu patrono nem o cais. Não é o Rio Branco I nem os inferninhos e botecos que a circundam. A referência da praça Mauá é o paredão de concreto do edifício A Noite, que há setenta anos hospeda, nos três últimos andares, a Rádio Nacional do Rio de Janeiro, a PRE-8.

O PRÉDIO

Como se viu, a praça Mauá – uma praça de poucas e esquálidas árvores e sem crianças brincando – mistura, no mesmo espaço, o pós-moderno e o barroco, o feio e o bonito, o burburinho das pessoas que passam por lá e a algazarra dos motores e buzinas dos veículos, que poluem e sujam o local. Mas nada lhe é tão próprio e marcante como o edifício A Noite, cuja fachada principal, voltada para a praça, está repleta de elementos constitutivos, característicos da década de 1920. Tais elementos, por razões diversas, tornaram-se únicos no acervo de edificações do Rio de Janeiro.

O edifício possui 22 andares. São *artdéco* as referências de sua área externa, bem como as das áreas internas de uso comum, embora estas estejam, em grande parte, desfiguradas por sucessivas reformas mal conduzidas, que não tiveram o menor cuidado de resguardar a tipologia do prédio.

O edifício A Noite dá ao Brasil um título muito especial: primeiro país no mundo a ter construído um "arranha-céu" (como eram chamados na época) com mais de 100 metros de altura (102,8 metros para ser exato), inteiramente de concreto armado. Os mais altos edifícios do mundo até então – o Dayton (Estados Unidos), com 71,1 metros, e o Sterling (Canadá), com 77,5 metros – haviam sido construídos em estrutura metálica. O edifício A Noite, chamado na época de "prodígio arquitetônico", foi construído entre os anos de 1926 e 1928, a partir de um projeto e cálculos de Emílio Baumgart, um autêntico teuto-brasileiro, nascido em Blumenau em 1880. O res-

ponsável pelo projeto arquitetônico foi o francês Joseph Gire, o mesmo que, anos antes, havia projetado o Copacabana Palace Hotel. A firma construtora do edifício A Noite chamava-se Gusmão, Dourado & Baldassini.

O edifício A Noite foi construído para dar abrigo à sede do jornal que lhe deu o nome, de propriedade de Geraldo Rocha. Na época em que foi inaugurado, o edifício tornou-se referência na cidade: muitos escritórios, incluindo o do próprio Emílio Baumgart, instalaram-se no local, tido como ponto "chique" da Cidade Maravilhosa. Segundo todos os depoimentos, o edifício logo adquiriu renome equivalente ao do Copacabana Palace no ramo da hotelaria. Contudo, ao contrário do que aconteceu com o hotel, o edifício, até em razão da degradação do seu entorno, tomado por bares, boates e hotéis de alta rotatividade, e do aparecimento em outras áreas do centro de edifícios tão ou mais modernos quanto ele, não teve como conservar o prestígio que desfrutou no início. Como disse o compositor Billy Blanco, a "feia e malfalada praça Mauá" não teve como se transformar num núcleo de negócios sofisticados.

Mas o edifício A Noite – o famoso edifício da praça Mauá, 7 –, que hoje abriga uma repartição pública, era bem mais que um assombro arquitetônico: nos seus últimos andares, astros e estrelas da Rádio Nacional produziram fantasias e sonhos que encantaram durante anos o povo brasileiro.

NADA ALÉM DE DOIS MINUTOS

Ao contrário do que muitos julgam, a primeira transmissão de TV no Brasil não foi a da TV Tupi de São Paulo, em 18 de setembro de 1950. Um ano antes, nos estúdios da Rádio Nacional, uma experiência frustrada mostrou pela primeira vez no Brasil imagens do programa *Nada além de dois minutos*. Essa experiência foi transmitida ao público: dois aparelhos foram instalados na cidade, o primeiro na antiga casa A Exposição, na avenida Rio Branco esquina com São José; o segundo, numa ótica que ficava em frente, do outro lado da rua. Mas as imagens do programa saíram tão borradas e distorcidas que a diretoria da Rádio Nacional recusou o negócio, achando que a televisão não teria futuro no Brasil.

A RÁDIO NACIONAL

12 de setembro de 1936. Sábado.

Festa no último andar do edifício A Noite; 21 horas: ouvem-se os acordes de "Luar do sertão", de Catulo da Paixão Cearense e João Pernambuco, em solo de vibrafone de Luciano Perrone, que será, a partir daí, o prefixo da emissora. Em seguida, a voz limpa e marcante de Celso Guimarães anuncia:

Alô! Alô! Alô, Brasil! Aqui fala a Rádio Nacional do Rio de Janeiro!

Em seguida, a grande Orquestra do Theatro Municipal executou o "Hino Nacional Brasileiro". Em nome do presidente da República, falou, em primeiro lugar, o presidente do Senado, Medeiros Neto:

Tenho a honra de inaugurar a Sociedade Rádio Nacional. Declaro inaugurada a Rádio Nacional, PRE-8. (...) A estação que neste momento se inaugura nasce sob a proteção de uma empresa que em todos os tempos tem sido arauto das grandes aspirações do povo - "A Noite". Está inaugurada a grande estação da Sociedade Rádio Nacional.

Após o pronunciamento do presidente do Senado, a Rádio Nacional fez a sua primeira transmissão externa diretamente do Palácio São Joaquim, de onde falou o cardeal D. Sebastião Leme, que abençoou a nova emissora. Falaram, ainda, os embaixadores de Portugal, França e Japão, ministros, políticos e o primeiro presidente da Sociedade Rádio Nacional, Cauby de Araújo. Por fim, Oduvaldo Cozzi, que viria, mais tarde, se notabilizar como narrador de jogos esportivos, anunciou o programa inaugural da PRE-8.

8 de março de 1940. Sexta-feira.

Na presença de autoridades diversas, o presidente Getulio Vargas, após curto pronunciamento, assina o decreto-lei 2.073, criando as Empresas Incorporadas ao Patrimônio da União. Ao mesmo tempo, define os bens que seriam absorvidos: a rede ferroviária da Companhia Estrada de Ferro São Paulo – Rio Grande, as terras dessa companhia nos estados do Paraná e Santa Catarina e o acervo Sociedades A Noite, Rio Editora e Rádio Nacional.

A incorporação dos citados bens atendia a determinadas razões políticas e estratégicas. A Companhia Estrada de Ferro São Paulo – Rio Grande, controlada pela empresa estrangeira Brazil Railway, devia ao Tesouro Nacional mais de 3 milhões de libras esterlinas, com os quais havia adquirido ações das demais sociedades incorporadas e as terras dos estados sulinos. Essa foi a maneira pela qual o erário procurou se resguardar, visto que a empresa majoritária, pertencente a Percival Facquar, não dispunha de recursos para saldar a dívida.

Estrategicamente, a encampação da Rádio Nacional atendia ainda a certos objetivos políticos governamentais: o de levar a vários e longínquos pontos do país um conjunto de mensagens, influenciando, assim, a formação de uma identidade nacional. É isso, mais ou menos, o que explica o fato de que a emissora estatal procurou, desde logo, tornar-se um veículo de divulgação de autores nacionais e da música popular brasileira para dentro e para fora do país. Dito de outra maneira: para dentro, a Nacional atuaria no sentido da integração nacional; para fora, buscaria fixar uma imagem positiva do Brasil no exterior. É verdade, sem dúvida, que Vargas usou o rádio para se aproximar da população; mas é verdade, também, que Vargas, tanto no primeiro como no segundo governo, jamais utilizou a Rádio Nacional como veículo de divulgação pessoal. Se o tivesse feito, a PRE-8 teria se degradado e jamais teria chegado ao ponto que chegou.

Vargas assinou, ainda, as nomeações do coronel Luiz Carlos da Costa Netto para o cargo de Superintendente das Empresas

Incorporadas ao Patrimônio da União, e de Gilberto Andrade, egresso da promotoria do Tribunal de Segurança e do serviço de censura ao teatro, para a direção da Rádio Nacional. De sua atuação artística, sabia-se apenas que Gilberto Andrade era autor de 23 peças encenadas. Apesar do susto inicial que os atos de Getulio Vargas provocaram entre os funcionários da empresa A Noite, o certo é que, com Gilberto Andrade à frente, a Rádio Nacional do Rio de Janeiro iniciou a sua escalada rumo à posição de destaque que desfrutou nas décadas de 1940 e 1950.

Ao assumir, Gilberto Andrade tomou duas medidas essenciais. A primeira: constituiu uma equipe de colaboradores de alta qualidade, formada por José Mauro (confirmado no cargo de diretor artístico), Almirante, Vitor Costa, Radamés Gnatalli, Haroldo Barbosa e Celso Guimarães. Criou ainda um sistema eficiente de seleção de novos valores, que praticamente eliminou a presença de "pistolões", paternalismos e nepotismos nas contratações da emissora. Com habilidade e firmeza, Gilberto Andrade soube criar uma barreira na Rádio Nacional, impedindo que as famosas "cartas de apresentação" maculassem os critérios técnicos e de competência que havia estabelecido para os processos de contratação, os quais passaram a se basear em testes acompanhados e avaliados por uma comissão de alto nível. A segunda medida complementava a primeira: ficou estabelecido que a Rádio Nacional não seria burocratizada, mas disputaria – como, aliás, já vinha fazendo – audiência e, principalmente, anunciantes no mercado publicitário. Estabeleceu, por fim, que a PRE-8 teria de fazer jus ao seu próprio nome e se transformar, de fato, numa emissora nacional, tendo como objetivo atingir a população como um todo, em todos os rincões do território brasileiro. De quebra, Gilberto Andrade criou a Seção de Estatística da Nacional, que produzia gráficos e tabelas que expressavam o aumento da audiência da emissora; tais gráficos e números serviam também de argumento junto aos anunciantes.

RÁDIO NACIONAL • A NOITE • A MANHÃ
NOITE ILUSTRADA • CARIOCA
DARÃO A VOCÊ A MEDIDA EXATA DO QUE VAI PELO MUNDO

Tais diretrizes foram mantidas, com mínimas alterações, durante a fase áurea da Rádio Nacional – e, em razão delas, a PRE-8 pôde conquistar e manter liderança indiscutível no meio radiofônico brasileiro. É claro que, a tudo isso, somou-se o talento e a ousadia daqueles homens, aos quais foram se somando outros tantos talentos, como Floriano Faissal, Renato Murce, Manoel Barcelos, Ghiaroni, Eurico Silva, César de Alencar, Mario Brasini e Paulo Roberto. Novelas, musicais, humorísticos, programas de auditório e de variedades foram brotando, exigindo a contratação de novos astros e estrelas, que permitiram o surgimento de novos programas e novidades, que solidificaram a liderança inconteste da Rádio Nacional.

No dia 18 de abril de 1942, a Rádio Nacional inaugurou o seu auditório de 486 lugares sentados. Foi uma solenidade festiva, à qual não faltaram autoridades e o "que há de mais seleto na sociedade carioca", como informou um jornal da época. Mas, na história da emissora, a inauguração do auditório, cenário dos grandes programas da PRE-8, teve um significado muito mais importante e de que poucos se deram conta na ocasião: o novo auditório abriu as portas da Rádio Nacional ao povo, que, com sua presença maciça, passou a influenciar a própria programação da emissora.

Mais que a inauguração de um espaço, aquele 18 de abril de 1942 abriu um novo portal artístico na era de ouro da Rádio Nacional.

A DERROTA DA NACIONAL

A liderança da Rádio Nacional nunca foi ameaçada pelas demais emissoras do Rio de Janeiro. A PRE-8 tornou-se vulnerável quando a televisão começou, de fato, a disputar com ela a preferência dos ouvintes. De início, a Rádio Nacional ainda pôde resistir: a TV era dominada pela improvisação e pela inexperiência. Além disso, poucos lares brasileiros possuíam aparelhos de televisão, não só por causa de seus elevados custos, como pelas dificuldades de importação desses equipamentos. É bom lembrar: na época não existia no Brasil fábrica de televisores.

Quando a televisão superou suas dificuldades iniciais, o rádio – especialmente a Rádio Nacional – sentiu imediatamente os golpes que a concorrência do novo veículo de comunicação lhe pregava. Bem verdade que os dirigentes da Nacional não perceberam a importância da televisão – e não tomaram qualquer providência no sentido de criar o seu próprio canal de TV. Pagaram caro por isso: astros e estrelas do seu *cast* migraram para a televisão, seduzidos por melhores salários e pela oportunidade de mostrar o rosto a um público que os conhecia apenas pela voz. A Rádio Nacional dava prestígio e fama aos artistas, mas era voz corrente que ela pagava muito mal, obrigando astros e estrelas a buscar em shows e excursões um complemento financeiro indispensável.

Se a TV enfraquecia a Rádio Nacional aos poucos, as denúncias de César de Alencar, Hamilton Frazão e Celso Teixeira, que entregara nos idos de 1964, dezenas de colegas de emissora às autoridades militares, foi o golpe de misericórdia. Cambaleante na disputa com a televisão, a dispensa de atores, atrizes e cantores do porte de Eurico Silva, Paulo Roberto, Oduvaldo Viana, Mário Lago, Hemílcio Fróes, Herivelto Martins, Jorge Goulart, Nora Ney, Jonas Garret, Isis de Oliveira, Ghiaroni, Paulo Gracindo, Marion e João Saldanha, entre outros, jogou a Rádio Nacional no chão.

Apesar de tudo, a Nacional ainda permanece viva na memória de muitos brasileiros.

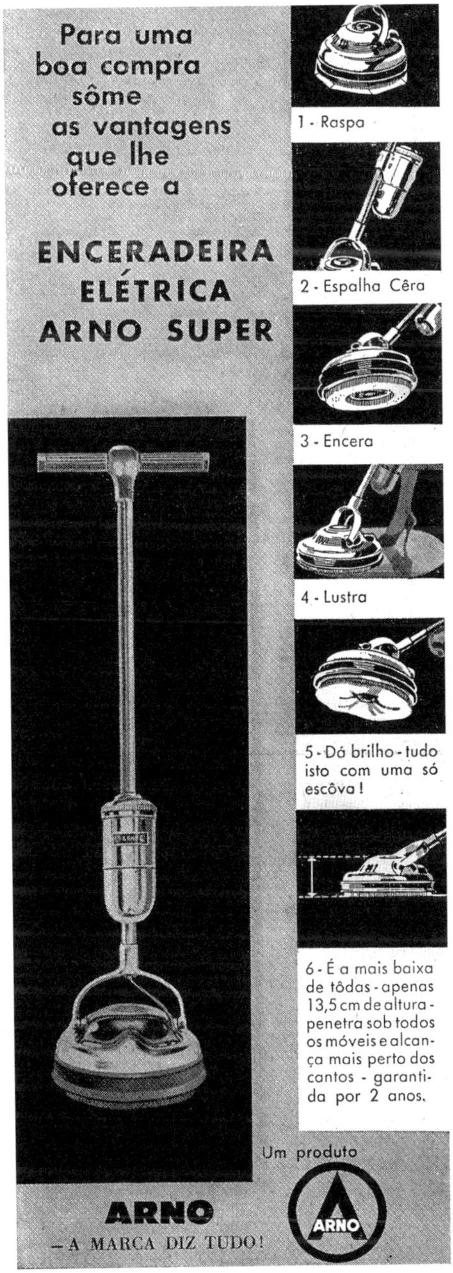

Você sabia?

Que o primeiro grande sucesso de Cauby Peixoto foi o fox Blue Gardênia, lançado em maio de 1954, dois anos antes de Conceição? Blue Gardênia seria ainda o título do primeiro LP (10 polegadas) gravado pelo cantor.

Roadstar

ALMANAQUE
DA RÁDIO NACIONAL

2

A ALMA SEDUTORA
DOS AUDITÓRIOS

A ALMA SEDUTORA DOS AUDITÓRIOS: AS "MACACAS-DE-AUDITÓRIO"

O público lota o auditório da Rádio Nacional

FÃZOCA DE RÁDIO

Ela é fã da Emilinha
Não sai do "César de Alencar".
Grita o nome do Cauby – Cauby!
E depois de desmaiar
Pega a Revista do Rádio
E começa a se abanar
(Miguel Gustavo)

O RITUAL DA ALEGRIA

Quando Miguel Gustavo, letrista de sambas, autor de *jingles* e publicitário bem-sucedido, escreveu os versos politicamente incorretos da "Fãzoca de rádio", sucesso do carnaval de 1958 na voz do palhaço Carequinha, não estava fazendo mais que uma crítica social ou de costumes, um gênero de música que, se hoje não existe mais, povoou o cancioneiro dos anos dourados do rádio brasileiro.

Se "Conceição", sucesso de Cauby Peixoto, era a crônica da mocinha sonhadora ludibriada pelas promessas de um espertalhão, "Fãzoca de rádio" era o povão zombando de si mesmo. E era isso, sem dúvida, o que explicava o enorme prestígio da música, até entre as próprias fãzocas, que, no calor dos auditórios, cantavam e debochavam da música se abanando ostensivamente com a *Revista do Rádio*.

A fãzoca (ou, o que dá na mesma, o fãzoca) era um tipo social particular: pobre, suburbana, semi-ociosa, de instrução primária, freqüentadora de auditórios radiofônicos e, mais importante, ligada a um fã-clube de um grande astro ou estrela. Tinha sonhos de ascensão social, embora o seu grande consolo, ao contrário do que diria Milton Nascimento, fosse estar sempre onde o seu ídolo estivesse. Mais que uma admiração, o ídolo era ainda uma referência, pois, oriundo das camadas mais pobres da população, atingira os cumes do sucesso.

Mas o ídolo não era apenas um espelho. Era ainda um amor distante, uma excitação irrealizável, um desejo impossível, em nome do qual tudo valia: horas nas filas, o cansaço, o ingresso duramente disputado, o medo de perder o lugar no auditório. A recompensa era uma só: a alegria de ver o ídolo de perto e de poder gritar, gritar muito, o seu nome. E receber dele, mesmo num relance, num curto instante, um olhar, um aceno, quem sabe um sorriso. Era nesse instante mágico que todos os sonhos das fãzocas se realizavam.

A idéia de utilizar o auditório dentro de um esquema de comunicação direta e imediata entre locutor e público, dando ao último o direito a uma participação dinâmica, foi do radialista Henrique Foréis Domingues, o Almirante. Contratado, em 1938, pela Rádio Nacional, Almirante, além de outras apresentações, idealizou, produziu e animou o primeiro programa montado do rádio brasileiro: *Curiosidades musicais*.

CURIOSIDADES MUSICAIS

Sob o patrocínio de Eucalol, o sabonete do Brasil, o programa *Curiosidades musicais* estreou no dia 25 de abril de 1938 e, de imediato, tornou-se um enorme sucesso. Até porque concedia ao ouvinte, pela primeira vez, a oportunidade de conhecer o ídolo, antes apenas uma voz no rádio ou no disco. O *Curiosidades musicais* ia ao ar sempre às segundas-feiras, às 21 horas. A abertura musical do programa era, do ponto de vista artístico, um verdadeiro achado: uma grande orquestra executava os primeiros compassos da "Rhapsody in blue", de Gershwin, seguidos da primeira parte do batuque "Na Pavuna", de Homero Dornelles e do próprio Almirante.

Embalado pelo êxito de *Curiosidades musicais*, Almirante propôs à direção da Rádio Nacional um novo programa, bem mais ousado. Assim, no dia 5 de agosto de 1938, sob o patrocínio de By-so-do, o digestivo antiácido moderno, o antigo componente do Bando dos Tangarás deu início

ao programa *Caixa de perguntas*, bem mais incrementado que o anterior, pois implicava na participação direta do auditório. E não só isso: oferecia prêmios de 5,10 e 30 mil-réis, pagos na hora, aos acertadores. Almirante circulava entre as cadeiras do auditório, colhendo as respostas de microfone em punho, tal como faz, hoje, mais de sessenta anos depois, o animador Silvio Santos no programa *Topa Tudo por dinheiro*.

Caixa de perguntas manteve-se no ar até o início de 1942, quando Almirante trocou a Nacional pela Rádio Tupi.

O QUE VEIO DEPOIS

A iniciativa pioneira e inovadora de Almirante foi a semente de uma série de programas de auditório, principalmente na Rádio Nacional, que, ao longo dos anos 1950, apresentou os três mais importantes programas do gênero do rádio brasileiro: o Manoel Barcelos, o Paulo Gracindo e, o maior de todos, o César de Alencar.

Desde os tempos de Almirante, porém, os programas de auditório sofreram, a cada ano, importantes transformações na forma, no ritmo e na dinâmica. Mistura de programa radiofônico, espetáculo musical, teatro de variedades, circo, promoção e sorteios de brindes e prêmios, os programas de auditório foram cada vez mais exigindo dos animadores grande capacidade de manter o público – as "macacas-de-auditório" – em permanente estado de excitação. E olha que esses programas duravam, no auge da sua melhor fase, de três a cinco horas em média.

A tarefa, claro, era facilitada pelas próprias fãzocas, que eram capazes de tudo – gritos, apitos, desmaios, palmas, lágrimas – para mostrar que o seu ídolo era "o maior" e "o mais querido", as duas categorias mais disputadas pelos astros e estrelas. Claro, ninguém sabe, mesmo hoje, quem era a maior ou a mais querida – Emilinha ou Marlene? –, mas isso talvez não fosse, nem seja, o mais importante. Importante mesmo era, e é, o sentimento e a empatia que ligava os fãs aos ídolos.

Bem verdade que os programas de auditório e o fenômeno "macacas-de-auditório" permanecem ainda um campo aberto à pesquisa de sociólogos, antropólogos e historiadores. Sim, porque o auditório era, na realidade, um enorme caldeirão social, em que se praticava um ritual, na precisa definição de Stanley Tambiah, o qual é um sistema cultural de comunicação simbólica. Como tal, o ritual pode ser profano, religioso, festivo, formal, informal, simples ou elaborado. Isso significa que a natureza do ritual não importa, e, sim, o seu significado, conteúdo e continuidade. Alguma dúvida, portanto, que no espaço contagiante e encantador do auditório ocorria um ritual, ou seja, uma ação que levava os atores a criar uma visão diferente de si mesmos?

No auditório não se reunia apenas um público de classes D e E, conforme o jargão impreciso dos institutos de pesquisa. Esse contingente, sem dúvida, constituía a grande maioria, mas os fãs que rasgavam as roupas de Cauby e berravam os nomes de Marlene e Emilinha (seqüências explícitas do ritual elaborado por fãs e ídolos) eram uma entidade bem mais complexa. Os fãs vinham praticamente de todas as classes sociais e de todos os Brasis (o urbano, o suburbano e o rural). Como em qualquer ritual, os fãs moviam-se pela paixão, pela emoção e pelo apego – e cultivavam a certeza de que os ídolos, apesar de tudo, apesar da fama e da riqueza que desfrutavam, continuavam a ser como eles, gente humilde e simples. Era o que os levava a supor que, no fundo, eles, fãs, e os ídolos que amavam eram iguais. Afinal, os rituais servem também para transmitir valores. E, no extremo, ilusões.

MACACAS-DE-AUDITÓRIO

DA RÁDIO NACIONAL

O QUE DIZEM OS DICIONÁRIOS

Segundo o *Aurélio*, macaca-de-auditório "é a mulher entusiasta de cantores de rádio ou de televisão e que freqüenta os programas de auditório". O *Michaelis* segue o mesmo diapasão: "mulher que é grande admiradora de cantores de rádio e televisão e que freqüenta assiduamente os programas de auditório". O *Houaiss* registra: "freqüentadora assídua de programas de auditório e televisão, que manifesta ruidosamente o seu entusiasmo por determinados artistas".

DEPOIMENTO DE UMA MACACA-DE-AUDITÓRIO

Muitas vezes ia para a Praça Mauá na véspera. Dormia na fila e não dormia sozinha, sempre tinha gente que vinha de mais longe, de Japeri, Austin, Queimados. Durante muitos anos assisti a todos os programas do César de Alencar. Não torcia por Emilinha nem por Marlene. Era fã das duas. Mas gostava muito do Ruy Rey, que cantava boleros e rumbas. E ouvi Nuno Roland cantar pela primeira vez "Fim de semana em Paquetá". Também gostava de Francisco Carlos, do Bill Farr, do Cauby Peixoto, mas o show era mesmo fantástico, porque era tudo bom. A semana ficava melhor, depois de tudo. (Gumercinda Tavares, moradora de Del Castilho, Rio de Janeiro, em depoimento à revista *Manchete* – 1976)

COMO SURGIU

A expressão *racista* "macaca-de-auditório" foi criada pelo produtor, cronista e compositor Nestor de Holanda para identificar as ruidosas fãs dos grandes astros e estrelas da Nacional. Em março de 1958, o diretor artístico da emissora, Floriano Faissal, quis dar um basta na estridência e no ardor das fãzocas, e sapecou a seguinte ordem: "É proibido fazer histeria no auditório." Ninguém respeitou.

AS REGRAS DA *REVISTA DO RÁDIO*

Não foi apenas o radialista Floriano Faissal que (inutilmente) tentou impor normas de comportamento às macacas-de-auditório. A própria *Revista do Rádio* sugeriu às fãs uma série de regras que, é claro, também não foram atendidas.

- Elevar o nome do astro preferido.
- Aplaudir, sim; vaiar nunca.
- Sempre que o artista estiver cantando, silêncio. Nada de gritos histéricos.
- Cuidado com as faixas. Não enfaixe demais o seu ídolo. E mais cautela com os dizeres das faixas. Olhar a redação, a ortografia, o português.
- Espere o seu ídolo na porta da rádio, mas... deixe que ele saia livremente e apenas bata palmas.
- Nada de rasgar a roupa do ídolo. As roupas custam caro.
- Se você gosta do artista que está cantando... Silêncio!
- Quando passar por um cantor ou cantora que não é de seu agrado, fique caladinha.
- Pode entrar para os fãs-clubes de seus ídolos, mas lembre-se... olhe os afazeres de casa.
- Respeite as fãs que são fãs dos outros.

PROGRAMA CESAR DE ALENCAR
RADIO NACIONAL

Revista do Rádio

PROGRAMA CÉSAR DE ALENCAR

Era o programa de auditório de maior prestígio e popularidade da Rádio Nacional. No início, o tempo do programa era de duas horas. Aumentou para três, depois para quatro, iniciando às 15 horas e terminando às 19 horas. Sempre aos sábados.

A EQUIPE

A equipe encarregada da montagem do programa era ínfima: apenas quatro pessoas. O próprio, César, o produtor Hélio do Soveral, Wilma Fraga do Nascimento (secretária particular do apresentador e secretária do programa) e um jovem ator do radioteatro chamado Abelardo Santos, que depois foi residir na Europa, sendo substituído por Jack Ades.

OS LOCUTORES

Três locutores eram sempre escalados para trabalhar no programa: José de Assis, Hamilton Frazão e Afrânio Rodrigues. Não apenas liam os comerciais, como eram responsáveis pela abertura e o fechamento do programa.

A ABERTURA DO PROGRAMA

O programa, segundo o próprio César de Alencar, tinha por finalidade "divertir e entreter as pessoas, evidentemente, mas, sobretudo, emocioná-las".

E a emoção começava logo na abertura quando todos cantavam o prefixo do programa. A música de apresentação do *Programa César de Alencar*, cujo ponto alto era a marcação com palmas pelo auditório, era uma marchinha alegre, curta e de ritmo vivo, de fácil memorização. Composta por Haroldo Barbosa, era cantada pelo conjunto 4 Ases e Um Coringa.

Prepare a mão (palmas)
Bate outra vez (palmas)
Este programa pertence a vocês...

César de Alencar em cena
"Alô, alô, alô! Amigos, estamos iniciando mais um Programa César de Alencar. Que o de hoje seja do

inteiro agrado de todos vocês são os nossos votos mais ardentes! E vamos ao programa!"
(Com essas palavras, o animador César de Alencar iniciava sempre o seu programa).

César de Alencar sai de cena.
E assim, amigos, pingamos um ponto final em mais uma audição do Programa César de Alencar. Seus prêmios, brincadeiras, atrações, seus patrocinadores, a colaboração sempre simpática e indispensável do auditório, sem o qual não poderíamos realizar nem metade do nosso programa. Obrigado aos ouvintes de casa! Obrigado a todos! E até sábado, se Deus quiser!
(Com essas palavras, o animador César de Alencar encerrava sempre o seu programa).

O PROGRAMA

O *Programa César de Alencar*, como todos do gênero, dividia-se em quadros, com músicas, atrações e concursos diversos. No quadro "Na corte da princesa", além dos cantores e cantoras, a grande sensação era o Romário, o Homem Dicionário, um sujeito de Niterói que conhecia um número enorme de palavras, dando a impressão de saber de cor o dicionário inteiro. Romário fazia enorme sucesso e respondia tanto a perguntas da produção como dos ouvintes.

"Essa eu vou gravar" era um quadro inteiramente musical: os grandes astros e estrelas cantavam músicas novas, assumindo o compromisso de gravá-las em breve.

"O sucesso de amanhã" era outro quadro inteiramente musical, embora fossem feitos sorteios de brindes para o auditório. Nele, cantores e cantoras podiam mostrar canções recém-gravadas, que tinham tudo para se tornar sucessos de venda e de audiência.

O quadro de maior sucesso do programa, porém, era "Parada dos maiorais", que César de Alencar anunciava da seguinte maneira:***Está no ar o big show Parada dos maiorais. Veremos agora quais as músicas e os intérpretes que estão galgando os degraus da fama.*** O quadro era patrocinado pelas Pastilhas Valda ("pequeninas amigas do seu aparelho respiratório"), cujo *jingle*, que aproveitava o estribilho da música "La cucaracha", era também uma homenagem à estrela maior do programa:

Pastilhas Valda, Pastilhas Valda,
Emilinha é a maior!
Pastilhas Valda, Pastilhas Valda,
Emilinha é a maior!

Claro, o último quadro do programa – "O cartaz da semana" – tinha uma única e maior estrela, que fazia o auditório enlouquecer com a mera menção de seu nome: ***a minha, a sua, a nossa favorita, Emilinhaaaaaa Booooooorba!***

CANTEM COM O CÉSAR DE ALENCAR

Embora não se considerasse um cantor, César de Alencar gravou 58 discos de 78 rpm. Alguns fizeram muito sucesso, como "Dorinha, meu amor", samba de José Francisco de Freitas, o Freitinha, lançado originalmente em 1929 por Mário Reis. A gravação do apresentador é de setembro de 1957.

Dorinha, meu amor,
Por que me fazes chorar?
Eu sou um pecador
E sofro só por te amar

PALMAS QUE ELA MERECE!

Sucesso mesmo do programa foi quando Emilinha Borba cantou ao telefone, diretamente de Buenos Aires, onde ela fazia uma temporada na Rádio Belgrano, o bolero "Dez anos", acompanhada, no Rio, pela orquestra da Rádio Nacional, regida pelo maestro Chiquinho.

Conta-se que houve, no auditório, pelo menos uns cinco desmaios de fãs enlouquecidas com a façanha da estrela.

OS DEZ ANOS DO PROGRAMA

Em 1955, 23.141 pessoas compareceram ao estádio do Maracanãzinho para ver e ouvir a audição comemorativa do décimo aniversário do *Programa César de Alencar*. O ingresso era grátis; quem quisesse assistir ao espetáculo tinha de levar uma "tampinha" do refrigerante Guará. Uma multidão de artistas movimentou a cena, provocando enorme delírio nos presentes. Participaram do programa representantes de todos os estados e territórios brasileiros e convidados do Paraguai, Uruguai, Colômbia e Chile.

No ano seguinte, o aniversário do programa foi comemorado na Quinta da Boa Vista. Outro sucesso monumental: 150 mil pessoas assistiram ao show.

Pois é. Eu nasci lá nos Estados Unidos... do Ceará. Vá lá: no dia 6 de junho de 1917. Meu nome na carteira de identidade é Hermelino César de Alencar Mattos. Comecei, no rádio, pela Rádio Clube. Depois, a Nacional. O meu programa absorve todos os meus cuidados. Eu e Ivone moramos lá em Copacabana. Abraços!

César de Alencar morreu no Rio de Janeiro, em 14 de janeiro de 1990.

PROGRAMA LUÍS VASSALO

O mais longo programa da Rádio Nacional, e o que mais tempo esteve no ar foi o chamado *Programa Luís Vassalo*: estendia-se, todos os domingos, do meio-dia até às 21 horas. Tinha esse nome porque seu titular era o corretor de quase todos os patrocinadores dos diversos quadros que a Nacional transmitia naquele período, e dos quais ele mesmo não participava pessoalmente. O *Programa Luís Vassalo* começava ao meio-dia com a audição de "Quando os ponteiros se encontram", com Francisco Alves apresentado por Lúcia Helena. Seguia-se o "Doutor Enfezulino", assinado por Osvaldo Elias, a "Hora do pato", com Heber de Boscoli, depois com Jorge Cury; "Coisas do arco da velha", com todo o *cast* humorístico da emissora, onde se destacavam Floriano Faissal, Brandão Filho, Nilza Magrassi, Walter e Ema D'Ávila, Apolo Correia, e outros; a transmissão esportiva, com Antonio Cordeiro, depois com Jorge Cury; "Tabuleiro da Baiana", com o quadro Neguinho e Juraci (vividos por Floriano Faissal e Ismênia dos Santos); "A felicidade bate à sua porta", irradiado sempre de um bairro qualquer da cidade com grandes nomes do *cast* de cantores, onde pontificava Emilinha Borba; "Tancredo e Trancado", de Ghiaroni, com Brandão Filho e Apolo Correia; "Piadas do Manduca", com Lauro Borges, Castro Barbosa, Brandão Filho, Alfredo Viviani, Alda Verona e Renato Murce; "Nada além de dois minutos", de Paulo Roberto.

As Rainhas do rádio

ABSOLUTA HEGEMONIA DA RÁDIO NACIONAL

1947 Linda Batista
1948 Dircinha Batista
1949 Marlene
1950 Não houve eleição. A cantora Marlene é reconduzida
1951 Dalva de Oliveira
1952 Mary Gonçalves
1953 Emilinha Borba
1954 Ângela Maria
1955 Vera Lúcia
1956 Dóris Monteiro
1957 Dóris Monteiro
1958 Julie Joy

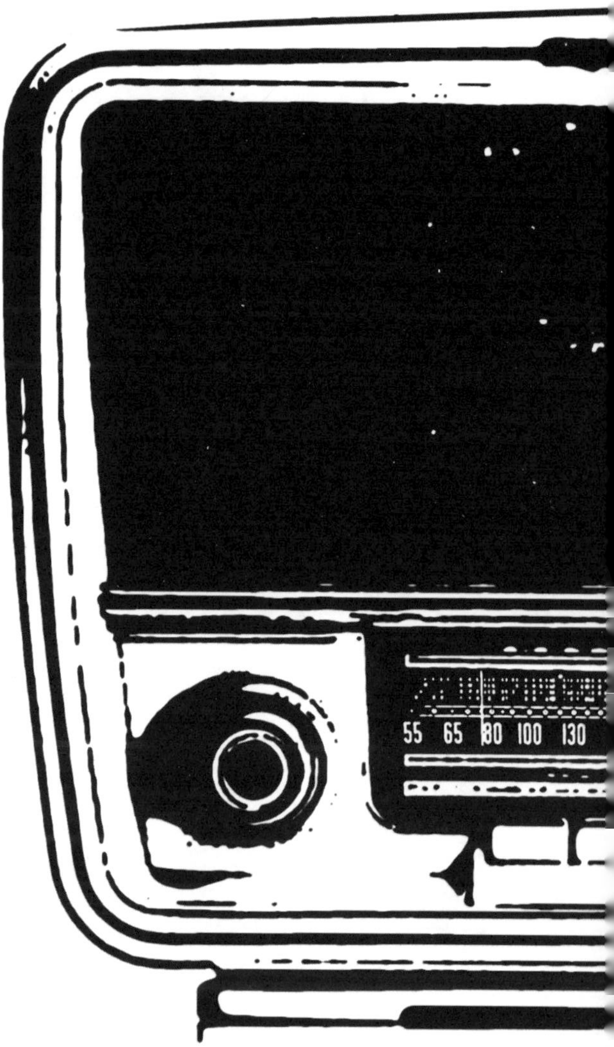
55 65 80 100 130

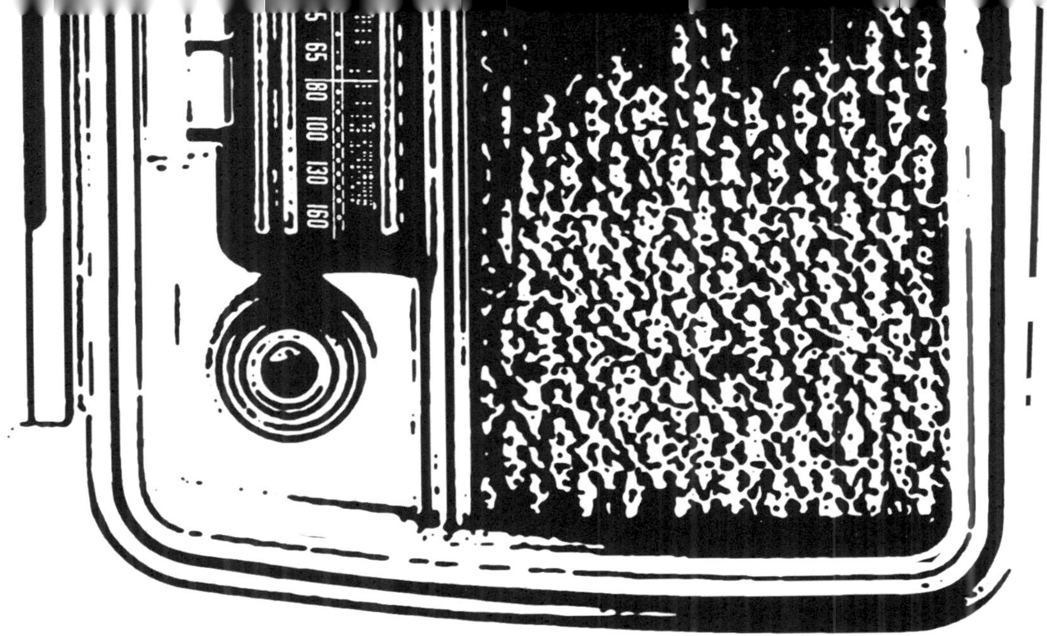

ALMANAQUE DA RÁDIO NACIONAL | 3 | A MÚSICA

A MÚSICA

OS MUSICAIS

A Rádio Nacional possuía a maior e mais bem selecionada discoteca de todo o país. Dirigida e organizada por Haroldo Barbosa, que acumulava na emissora as funções de locutor, redator de textos publicitários e produtor, era ela que abastecia a programação da emissora, principalmente as atividades de radioteatro, cujos efeitos sonoros, essenciais às tramas, demandavam pesquisas e escolhas criteriosas das músicas, coerentes com as características e emoções de cada cena. Embora com tamanho acervo, a Rádio Nacional, que mantinha um poderoso elenco de cantores, cantoras, músicos e maestros, tinha por norma utilizar, nos seus programas musicais, apenas apresentações ao vivo. Muitos musicais da Rádio Nacional entraram para a história do rádio brasileiro, não só por sua qualidade artística, mas por suas características inovadoras. Na verdade, os poucos acetatos existentes de tais programas constituem, hoje, importantes documentos históricos, que testemunham a própria evolução da música popular brasileira.

UM MILHÃO DE MELODIAS

Foi, sem dúvida, o mais famoso programa musical do rádio brasileiro. Estreou no dia 6 de janeiro de 1943, por ocasião do lançamento da Coca-Cola no Brasil. O programa esteve no ar, inicialmente, durante sete anos ininterruptos. Depois ficou de fora por dois ou três anos, voltando em 1953 para uma nova temporada. Nele desfilaram os maiores artistas do rádio brasileiro, e a Orquestra Brasileira, comandada por Radamés Gnatalli, dividia seus números entre os sucessos brasileiros e os norte-americanos. Os primeiros produtores do programa foram

Emilinha Borba

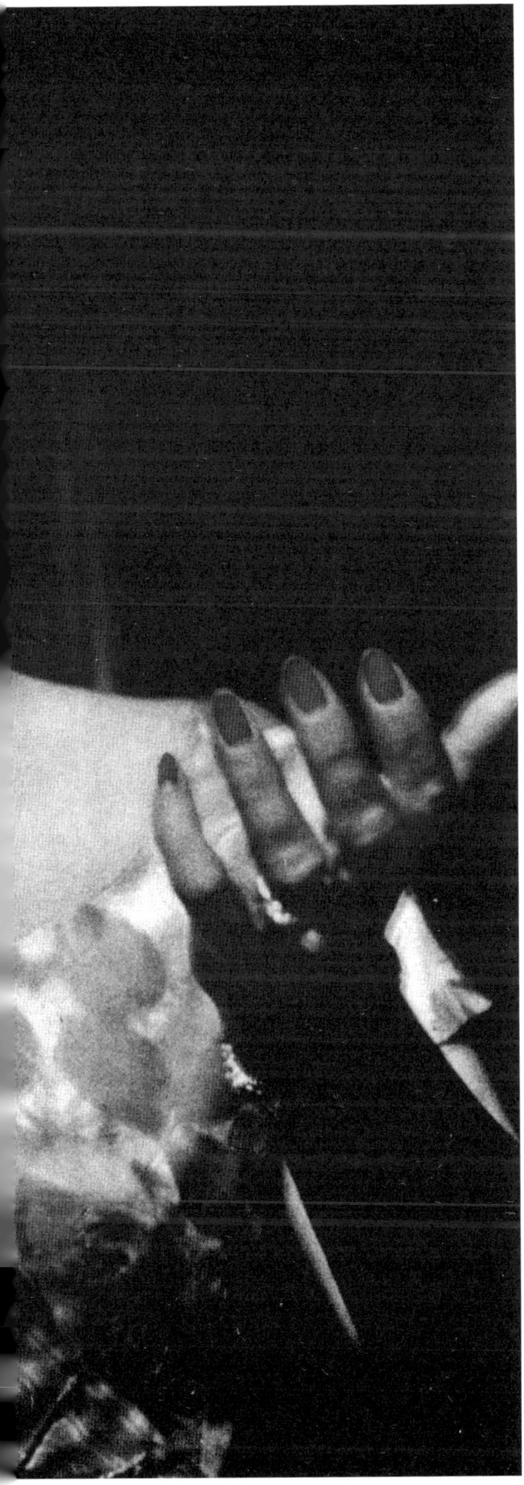

Haroldo Barbosa e José Mauro e, posteriormente, na sua segunda fase, Paulo Tapajós e Lourival Marques. O programa ia ao ar às quartas-feiras às 20h30.

INSTANTÂNEOS SONOROS DO BRASIL

Em depoimento a Lourival Marques, Haroldo Barbosa qualificou esse programa como um dos mais perfeitos do rádio brasileiro. Segundo ele, Almirante, que o produzia, José Mauro, que o escrevia, e Radamés Gnatalli, que organizava a parte musical do programa, formavam uma equipe perfeitamente integrada. Barbosa acentuou ainda que o programa era mais um exemplo da importância que Almirante atribuía à cultura popular e ao folclore brasileiro. Existem pouquíssimos registros sonoros (acetatos) desse programa.

QUANDO OS MAESTROS SE ENCONTRAM

A idéia do programa, produzido por Paulo Tapajós, era reunir os principais maestros da Rádio Nacional, como Radamés Gnatalli, Léo Peracchi, Lírio Panicalli, Alceu Bocchino e Alberto Lazolli, os quais tinham a rara oportunidade de demonstrar todo seu virtuosismo como arranjadores. Os maestros preparavam arranjos especiais de música à sua escolha, não havendo, por parte da produção, qualquer limite de tempo. As músicas eram apresentadas pela grande orquestra da rádio sob suas regências. O programa era patrocinado pela Walita.

REVISTA OLD PARR

Patrocinado pelo uísque Old Parr e produzido por Haroldo Barbosa e Nestor de Holanda, o programa ia ao ar às quintas-feiras às 22 horas. Combinava música, humorismo e um pouco de história do Rio de Janeiro.

RÁDIO ALMANAQUE KOLYNOS

Programa de José Mauro e Haroldo Barbosa, apresentado todas as segundas-feiras às 21h30. Em depoimento a Lourival Marques, Haroldo Barbosa destacou o grande esforço intelectual que exigia a preparação do programa. Os produtores elegiam um tema e faziam detalhada pesquisa a respeito, até para a seleção das músicas que seriam apresentadas. A narração era, alternadamente, de Paulo Gracindo, Celso Guimarães, Paulo Roberto e Saint-Clair Lopes. Participavam ainda radioatores e radioatrizes, além de músicos e cantores da emissora. Era um dos mais apreciados programas da Rádio Nacional.

A PAUSA QUE REFRESCA

Produzido por Paulo Tapajós, esse programa, sob o patrocínio da Coca-Cola, ia ao ar pela Rádio Nacional de segunda a quinta-feira às 22 horas e aos sábados às 15 horas. Era apresentado por Reinaldo Costa e nele eram executados trechos dos sucessos musicais da época.

QUANDO CANTA O BRASIL

Esse musical, idealizado por Paulo Tapajós, substituiu *Um milhão de melodias*. Entre os dois programas havia uma diferença essencial: enquanto *Um milhão de melodias* dava ênfase às músicas norte-americanas, *Quando canta o Brasil*, como diz o seu próprio nome, era um desfile exclusivo de músicas brasileiras, incluindo músicas regionais. A parte musical continuou a cargo de Radamés Gnatalli. De início, o programa era apresentado aos sábados às 21h05, passando, depois, para as 12h30.

GENTE QUE BRILHA

Programa produzido e apresentado por Paulo Roberto. Era destinado a enaltecer os artistas da própria Rádio Nacional, os quais tinham suas vidas contadas em grandes traços. Os maiores sucessos do homenageado eram cantados no programa, que ia ao ar às segundas-feiras, às 20h35.

FESTA ÍNTIMA

Programa dominical. Produzido por Fernando Lobo, era patrocinado por Balas Futebol e tinha locuções de Heitor de Carvalho e Lúcia Helena. O programa era produzido a partir de uma data especial na vida de um ídolo da Nacional, como casamento, noivado ou aniversário. O programa era feito, em geral, na residência do homenageado, daí o título *Festa íntima*.

É UMA COISA LINDA

Produção de Fernando Lobo. Apresentado aos domingos, às 20 horas. Era patrocinado pelo Leite de Colônia. Cada programa homenageava um cantor ou cantora, que apresentava seus sucessos.

DONA MÚSICA

Série criada por José Mauro, Haroldo Barbosa e Léo Peracchi, transmitida às sextas-feiras. O programa mostrava um diálogo entre um repórter e Dona Música, vividos respectivamente por Celso Guimarães e Lígia Sarmento, e no qual eram comentadas e executadas as músicas de várias partes do mundo.

DICIONÁRIO TODDY

Uma produção de Fernando Lobo, que escolhia uma palavra da língua portuguesa (como samba, cabaré, noite, jangada, família, entre outras) e a partir dela montava o programa, no qual eram apresentadas músicas relacionadas com a palavra ou o tema escolhido. Além das músicas, eram apresentados pequenos esquetes pelos radioatores da emissora.

Era um programa assemelhado ao *Rádio Almanaque Kolynos*.

ALMA DO SERTÃO

Programa diário de Renato Murce, no qual eram apresentadas modas de viola, canções sertanejas, cenas e músicas caipiras.

ANGELA MARIA CANTA

O sucesso de Angela Maria permitiu-lhe ter um programa só seu, o que muitas cantoras com mais tempo de Rádio Nacional não conseguiram. Esse programa era produzido por Nestor de Holanda e ia ao ar aos sábados, às 14h30. Era patrocinado pelo colírio Moura Brasil e Cilion.

AQUARELAS DAS AMÉRICAS

Esse programa compunha, com *Aquarelas do Brasil* e *Aquarelas do Mundo*, uma trilogia produzida por José Mauro, Almirante, Haroldo Barbosa e Radamés Gnatalli. O programa era patrocinado pela Pan American World Airways. A narração era de César de Alencar.

AQUARELAS DO MUNDO

Parte da trilogia acima citada, apresentava músicas estrangeiras (exceto das Américas), a partir de temas, como cidades que cantam, estranhas danças que não dançamos, entre outros.

Você sabia?

Que o cantor negro Blecaute, o famoso General da Banda, garantiu em entrevista à *Revista do Rádio* que "valia a pena ser preto, desde que simpático"?

Você sabia?

Que a novela "Em busca da felicidade" após dois anos de sucesso, foi substituída por outra novela de Leandro Blanco chamada "O romance de Glória Marivel"?

AQUARELAS DO BRASIL

Esse programa repetia as configurações de *Curiosidades musicais* e *Instantâneos sonoros do Brasil*, apresentando exclusivamente músicas do folclore brasileiro. A produção e o texto eram de José Mauro, a apresentação era de Almirante e os arranjos musicais, de Radamés Gnatalli.

CANCIONEIRO DO LEITE DE ROSAS

Foi, durante algum tempo, o programa em que o cantor Francisco Alves se apresentava, às segundas-feiras. O produtor era Haroldo Barbosa. A orquestra era regida por Lírio Panicalli.

PROGRAMA FRANCISCO ALVES

Programa dominical, que ia ao ar às 12 horas, "ao se encontrarem os ponteiros do carrilhão marcando a metade do dia", como dizia a locutora Lúcia Helena.

NADA ALÉM DE DOIS MINUTOS

Era um programa de variedades. Produzido por Paulo Roberto e patrocinado pelo sabonete Gessy, era apresentado aos domingos, às 20 horas, pelo próprio Paulo Roberto e por Reinaldo Costa. Além de músicas, contava com o *cast* de radioteatro da emissora. A idéia do programa era criativa: músicas, anedotas, fatos, curiosidades e outros tinham de ser apresentados e contados em apenas dois minutos.

UM COMPOSITOR POR SEMANA

Outra produção de Fernando Lobo. Era apresentado às quintas-feiras, às 21 horas. A idéia era justamente esta: a cada semana um compositor era homenageado com a apresentação de suas músicas e histórias da sua vida.

CURIOSIDADES MUSICAIS

Um dos primeiros programas produzidos por Almirante na Rádio Nacional. Era patrocinado pelos Laboratórios Moura Brasil. Segundo Almirante, *Curiosidades musicais* era um programa essencialmente brasileiro, que tinha por finalidade divulgar e estimular o culto à tradição. Foi uma das muitas contribuições dadas por Almirante à música popular brasileira.

MÚSICA E BELEZA

Ia ao ar às terças e quintas-feiras às 11h15. Produzido por Roberto Faissal, apresentava o Trio Irakitan. Milton Rangel lia poesias no programa.

NOITE DE ESTRELAS

Criado por Max Nunes e Paulo Gracindo, o musical ia ao ar aos sábados, às 20h30. O apresentador era o próprio Paulo Gracindo. Uma atração permanente do programa era o humorista Pagano Sobrinho, da Rádio Nacional de São Paulo. Participavam, com freqüência, Emilinha Borba, Marlene, Heleninha Costa e Dalva de Oliveira.

CANÇÃO DA LEMBRANÇA

Produzido por Lourival Marques. Focalizava músicas de filmes, os quais eram comentados. Era transmitido às sextas-feiras, às 21h35.

Você sabia?

Que a primeira transmissão do *Repórter Esso* aconteceu às 12h45 do dia 28 de agosto de 1941, quando a voz de Romeu Fernandes anunciou o ataque de aviões da Alemanha à Normandia, durante a 2ª Guerra Mundial?

OS GRANDES MÚSICOS

EDU DA GAITA

Eduardo Nadruz nasceu em Jaguarão, Rio Grande do Sul, em 13 de dezembro de 1916 e morreu no Rio de Janeiro, em 23 de agosto de 1982. O seu nome artístico foi sugerido por César Ladeira. Edu da Gaita era, de fato, um virtuose, tendo gravado músicas populares e sinfônicas. Em 1957 gravou o "Moto perpétuo", de Paganini, obra exclusiva para violino e que lhe exigiu 11 anos de estudos. Excursionou várias vezes pelo exterior e gravou mais de duzentas músicas.

Edu da Gaita

FAFÁ LEMOS

Rafael Lemos Júnior nasceu no Rio de Janeiro em 19 de fevereiro de 1921. Considerado menino-prodígio, tornou-se logo violinista da Orquestra Sinfônica Brasileira. Introdutor do violino na música popular, formou, com Chiquinho do Acordeon e o violonista Garoto, o célebre Trio Surdina. Os críticos são unânimes: era um gênio musical, que morreu pobre e esquecido no dia 18 de outubro de 2004. Morava num asilo.

ABEL FERREIRA

Nasceu em Coromandel (MG), em 15 de fevereiro de 1915. Começou sua carreira em Minas Gerais, na Rádio Guarani. Mudou-se para São Paulo e, em 1943, foi para o Rio de Janeiro. Em 1949, ingressou na Rádio Nacional, onde passou a se apresentar como líder da Turma do Sereno. Com Paulo Tapajós, formou, em 1952, a Escola de Ritmos, que viajou por todo o país. Viajou também pela Europa, os Estados Unidos e a América Latina. Na década de 1970, tornou-se um dos músicos mais requisitados em gravações e shows, como acompanhante, no sax e na clarineta. Morreu no Rio de Janeiro, em 13 de abril de 1980.

DANTE SANTORO

Nasceu em Porto Alegre (RS), em 18 de junho de 1904. Em 1919, foi para o Rio, ingressando em várias rádios até chegar à Nacional onde ficou durante 33 anos, sempre à frente do *Regional de Dante Santoro*. Gravou e acompanhou cantores e cantoras em quase todos os programas da emissora. Faleceu em 12 de agosto de 1969.

CHIQUINHO DO ACORDEON

Nasceu em Santa Cruz do Sul (RS), em 7 de novembro de 1928. Faleceu no Rio de Janeiro, em 13 de fevereiro de 1993. Ao lado de Garoto (violão) e Fafá Lemos (violino), trabalhou, na Nacional, no programa *Música em Surdina*, no qual nasceu, em 1952, o Trio Surdina. Em 1954, incorporou-se ao Sexteto de Radamés Gnatalli. É autor, com Garoto, de "São Paulo Quatrocentão".

ZÉ MENEZES

José Menezes França nasceu em Jardim (CE), no dia 6 de setembro de 1921. Depois de trabalhar em diversas emissoras no Rio de Janeiro, foi contratado pela Nacional em 1947, onde se apresentou, em dupla com Garoto, no programa *Nada além de dois minutos*. É autor de belas canções, como "Nova ilusão", gravada pelos Os Cariocas. Fez inúmeras excursões pelo Brasil e pelo exterior, sempre aplaudido por seu virtuosismo no violão.

GAROTO

Aníbal Augusto Sardinha nasceu em São Paulo, capital, em 28 de junho de 1915, e morreu no Rio de Janeiro em 3 de maio de 1955. Começou cedo as suas atividades artísticas. Na Rádio Nacional, participou dos programas de Carolina Cardoso de Menezes e atuou na orquestra da emissora, regida por Radamés Gnatalli. Atuou em vários programas da Nacional, incluindo *Um milhão de melodias* e *Nada além de dois minutos*. Foi integrante do Trio Surdina. É autor de "Duas contas" e da música "Gente humilde", cuja letra foi escrita, muito depois da sua morte, por Chico Buarque de Holanda e Vinicius de Moraes.

CAROLINA CARDOSO DE MENEZES

Nasceu no Rio de Janeiro, em 27 de maio de 1916. Ingressou na Rádio Nacional em 1944, onde permaneceu até 1968, quando se aposentou. Compôs inúmeras peças musicais, entre as quais "Aquela rosa que você me deu" (com Armando Fernandes).

ORLANDO SILVA

Como Chico Alves, Orlando Silva teve uma infância difícil: foi entregador de marmita, estafeta da Western, operário numa fábrica de cerâmica, aprendiz de sapateiro e entregador de encomendas da Casa Reunier, uma loja sofisticada da rua do Ouvidor. Mas o sonho do jovem Orlando era se transformar num cantor profissional. Sonho que quase se desfez quando, em agosto de 1932, caiu do estribo do bonde e teve parte do pé esquerdo amputado. Orlando sofreu horrivelmente. No hospital ministraram-lhe morfina para aliviar as dores que sentia. Há quem diga que ali começou o seu vício ou, pelo menos, o seu aprendizado sobre os efeitos nirvânicos da droga.

Em 1934, depois de ter sido reprovado em programas de calouros, foi apresentado ao compositor Bororó, que ficou literalmente vidrado na voz do rapaz. O autor de "Curare" levou-o ao Café Nice para apresentá-lo à única pessoa que podia ajudá-lo: Francisco Alves. Bororó fez tantos elogios a Orlando que Chico resolveu ouvi-lo. Levou-o ao seu Pontiac preto e pediu que Orlando cantasse. Chico gostou, e duas semanas depois, no dia 23 de junho de 1934, deu-se a primeira e histórica apresentação de Orlando Silva na Rádio Cajuti (Tijuca ao contrário), uma emissora modesta que ficava na rua 13 de Maio, ao lado do Teatro Municipal.

De 1935 a 1942, segundo Ruy Castro, Orlando Silva foi o maior cantor do Brasil. Talvez o maior do mundo. Em 1940, começou o seu romance com a atriz Zezé Fonseca, uma mulher charmosíssima, bela e sensual. Os biógrafos de Orlando são unânimes: Zezé fez de tudo para dominar o cantor, para controlar suas saídas e companhias, talvez porque fosse possessiva ou talvez porque estivesse, no fundo, disputando as atenções do cantor com uma garota fatal e mais poderosa que ela: a morfina.

A verdade é que Orlando nunca abandonou inteiramente a droga, mesmo durante o auge de sua carreira. Usou-a, contudo, moderadamente, como tantos outros astros da época. Em 1942, porém, Orlando teve um dos mais graves e dolorosos problemas dentários possíveis, a piorréia. O tratamento desastrado a que se submeteu, que potencializou as dores que sentia, levou-o ao uso continuado da morfina, que ele, segundo se sabe, comprava dos irmãos Meira, nos fundos de uma sombria espelunca da rua do Riachuelo. Os Meira obtinham a droga a partir de grandes quantidades de elixir paregórico, que eles punham para ferver durante horas, obtendo o concentrado.

A decadência de Orlando, a partir daí, caminhou a passos firmes. Zezé Fonseca tentou desesperadamente ajudar o cantor, mas acabou desistindo, e saiu da vida dele. Em 1944, Orlando não mais se apre-

Orlando Silva

sentava em público. No ano seguinte, a Rádio Nacional rescindiu seu contrato. Seus discos passaram a mofar nas prateleiras das lojas.

Até a sua morte, em 7 de agosto de 1978, aos 63 anos incompletos, a vida de Orlando foi uma luta permanente contra a droga, da qual, conforme se diz, jamais se libertou. Tentou retornar ao batente inúmeras vezes, mas já não era o mesmo, a sua voz tornara-se pastosa, rouca, gasta, desigual. A cada retorno, o constrangimento dos fãs, críticos e amigos aumentava. Afinal, aquele homem de olhos empapuçados, triste e trêmulo, que mal conseguia dizer as letras das canções que procurava inutilmente cantar, um dia arrebatara públicos imensos e entrara na história da música como o Cantor das Multidões.

CAUBY PEIXOTO

Certa ocasião, durante o programa *Um instante, maestro*, o apresentador Flávio Cavalcanti perguntou ao maestro Cipó o nome de um cantor que não errava a música. A resposta foi imediata: "Cauby Peixoto". Outros maestros que estavam no programa confirmaram a opinião de Cipó.

Cauby Peixoto Barros nasceu em Niterói, no dia 10 de fevereiro de 1934. Sua família era musical, a começar pelo tio Romualdo Peixoto (Nono) e o primo Ciro Monteiro, um dos maiores sambistas brasileiros. Seus irmãos não ficaram atrás: Moacir Peixoto foi um renomado pianista; Araken Peixoto tornou-se trompetista; e Andiara, cantora. Cauby é considerado por muitos o maior cantor brasileiro. Segundo Rodrigo Faour, "com seu timbre grave e aveludado, é um de nossos raros artistas que conseguiu manter seu prestígio por cinco décadas, num país de culto à juventude".

Cauby começou a cantar na noite paulista, mas foi na Rádio Nacional, a partir de 1953, que ele se tornou uma espécie de

Cauby Peixoto

sex symbol de milhares de ouvintes. Nessa época, Cauby passou a ser gerenciado por Di Veras, um empresário esperto, que montou um esquema de marketing irresistível para o cantor. Nessa época, Cauby era cercado na porta da Nacional e, literalmente, atacado por fãs dispostas a tudo para ter um pedaço da roupa do ídolo. Dizem que os ternos de Cauby eram preparados para rasgar ao mínimo puxão, mas a verdade que ele era, de fato, um ídolo. "Conceição" foi o seu carro-chefe musical, embora o seu primeiro sucesso tenha sido "Blue gardênia".

Ainda nos anos 1950, Cauby tentou carreira nos Estados Unidos, mas desistiu. O seu lugar era aqui, no Brasil.

Cauby cantou de tudo: bolero, samba, samba-canção, valsa, *jazz* e bossa nova, sempre com o mesmo brilho. Afinal, ele é um cantor que não erra. E não erra porque a música – e sua voz – é tudo para ele.

JORGE GOULART

Jorge Neves Bastos nasceu no Rio de Janeiro, no dia 16 de janeiro de 1926. Ainda menor de idade, já se apresentava pelas casas noturnas do Rio de Janeiro. Entre as gravações clássicas suas, pode-se contar "A voz do morro" (Zé Kéti), "Mundo de zinco", "Sereia de Copacabana" e "Balzaquiana" (todas de Nássara e Wilson Batista) "Laura" (João de Barro e Alcyr Pires Vermelho), entre diversos sambas, valsas e marchinhas. Goulart colecionou sucessos. Foi o primeiro cantor popular a interpretar sambas-enredo para uma escola de samba, a Império Serrano. Assumiu posições políticas claras, ao lado da companheira Nora Ney: ambos eram filiados ao Partido Comunista Brasileiro. Excursionaram pela União Soviética e outros países socialistas. Em 1983, em decorrência de um câncer, teve suas cordas vocais extirpadas e teve de reaprender a falar, por meio do esôfago.

SÍLVIO CALDAS

Sílvio Narciso de Figueiredo Caldas nasceu no Rio de Janeiro em 23 de maio de 1908. Sobre Sílvio Caldas, o *Caboclinho Querido* (na definição preciosa de César Ladeira), parece haver uma unanimidade: quanto mais velho ficava melhor se tornava a sua garganta. E que garganta! Ninguém cantou melhor no Brasil a seresta — um gênero hoje praticamente inexistente, assassinada pela urbanização intensa e por esses ritmos loucos e barulhentos, que alguns teimam de chamar de música. Pois Sílvio Caldas era um seresteiro, e isto talvez explique o seu comportamento estranho: famoso, ele deixava de comparecer à boate da moda para cantar os "seus fracassos de amor" em botequins suburbanos. Gravou centenas de músicas, algumas de sua autoria, como "Chão de estrelas" (em parceria com Orestes Barbosa), "Violões em funeral" e "Quase que eu disse". Sílvio Caldas morreu em 3 de fevereiro de 1998, no seu sítio em Atibaia, São Paulo. Deixou uma obra inesquecível, como cantor e compositor. Era um apaixonado pela música popular brasileira, que — dizia em aulas que ministrava com entusiasmo de menino — gostaria de ver como uma disciplina obrigatória nas universidades brasileiras.

CARLOS GALHARDO

Catello Carlos Guagliardi, filho de pais italianos, nasceu na Argentina, no dia 24 de abril de 1913. Não tinha um 1 ano de idade ao vir para o Brasil, indo residir em São Paulo. Gravou o seu primeiro disco em 1933. Tornou-se especialista em canções românticas, sobretudo valsas e canções.

Carlos Galhardo

Teve uma importante participação na luta pelos direitos autorais e de interpretação no Brasil. Seus maiores sucessos foram "Fascinação" (versão de Armando Louzada para a valsa de Marchetti), "Rosa de Maio" (Evaldo Ruy), "Eu sonhei que tu estavas tão linda" (Lamartine Babo), "Ala-la-ô" (Haroldo Lobo e Nássara) e "Nós queremos uma valsa" (Nássara e Frazão). Carlos Galhardo morreu no Rio de Janeiro, em 25 de julho de 1985.

DORIVAL CAYMMI

Nasceu na cidade de Salvador (BA), em 30 de abril de 1914. Iniciou sua carreira de compositor e cantor na sua terra natal. Em 1937, mudou-se para o Rio de Janeiro, com a intenção de estudar jornalismo e trabalhar com desenho. Casou-se em 1940 com Adelaide Tostes, nome verdadeiro da cantora Stella Maris. O casal teve três filhos: Nana, Dori e Danilo, que também seguiram carreira artística. Desde cedo suas composições alcançaram muito sucesso, até porque algumas delas foram cantadas por Carmen Miranda. Em 1939, foi contratado pela Rádio Nacional, onde permaneceu por apenas três meses. Em 1950, retornou à PRE-8, ficando lá até meados do ano seguinte. Suas músicas continuavam tendo muita aceitação popular, sendo cantadas pelos mais diversos cantores e cantoras brasileiras. Costuma-se dizer que a arte de Caymmi é uma bem construída confluência entre o simples e o sofisticado, a partir de temas comuns e naturais como o vento, o mar, a gente simples da vida pesqueira. Foi um dos primeiros compositores a cantar suas próprias composições, e nisso, sem dúvida, foi um pioneiro.

RUY REY

Domingos Zeminian nasceu em São Paulo, no dia 4 de janeiro de 1915. Entrou para a Rádio Nacional em 1944, conseguindo um programa às 12h30, logo após o programa de Francisco Alves. Mas foi em 1948, quando formou a Ruy Rey e sua Orquestra, especialista em ritmos latinos, que a sua carreira deslanchou. No mesmo ano, teve a sorte de estourar com a marchinha carnavalesca "A mulata é a tal", de Antonio Almeida e João de Barro. Trabalhou em diversos filmes, entre os quais *Carnaval no fogo*, *Aviso aos navegantes* e *O petróleo é nosso*. Faleceu em 26 de março de 1995, na cidade do Rio de Janeiro.

LINDA BATISTA

Florinda Grandino de Oliveira nasceu em São Paulo, em 14 de junho de 1919. Era filha do humorista e ventríloquo João Baptista Júnior e irmã da cantora Dircinha Batista. Educou-se nos melhores colégios do Rio de Janeiro. Começou sua carreira aos 13 anos, apresentando-se na Rádio Cajuti. Em 1937, já contratada pela Rádio Nacional, foi eleita a primeira Rainha do Rádio, título que manteve por 11 anos. Viajou muito pelo Brasil e trabalhou em inúmeros filmes. Foi *crooner*, atuou nos principais cassinos brasileiros e gravou sambas e sambas-canção de muito sucesso, como: "Bom dia" (Herivelto Martins e Aldo Cabral), "Coitado do Edgar" (Benedito Lacerda e Haroldo Lobo), "Ranchinho abandonado" (Norberto Martins e Pacheco Silva), "Nega Maluca" (Fernando Lobo e Evaldo Rui) e "Vingança" (Lupicínio Rodrigues). Foi uma das principais estrelas da música popular brasileira: ganhou inúmeros prêmios e ostentou variados títulos. Foi amiga dos presidentes Getulio Vargas, Juscelino e Jango, e admirada por personalidades como Sablon, Orson Welles e a estilista Schiaparelli. A partir do fim dos anos 1960, sua carreira começou a perder o brilho. Nos anos 1980, parou de trabalhar e foi morar num pequeno apartamento em Copacabana, com a irmã Dircinha Batista. Passou por dificuldades financeiras, sendo socorrida pelo cantor José Ricardo. Morreu no dia 17 de abril de 1988.

EMILINHA BORBA

Emília Savana da Silva Borba nasceu em 31 de agosto de 1923 na Mangueira (RJ), onde viveu grande parte da infância. Aos 14 anos ganhou o primeiro prêmio da sua carreira ao se apresentar na *Hora Juvenil*, na Rádio Cruzeiro do Sul. Em 1944, foi contratada pela Rádio Nacional, onde permaneceu por seis meses, e pelo Cassino da Urca. Na PRE-8 permaneceria pelos próximos 27 anos, fase áurea da emissora e da carreira da cantora. Foi o primeiro e mais espetacular cartaz dos programas de auditório lançados pela Rádio Nacional, a partir de 1945, e sua popularidade esteve diretamente ligada ao *Programa César de Alencar*, transmitido para todo o país. Seu repertório, marcado pelas marchinhas de carnaval, rumbas e sambas, foi um rosário de sucessos: em 1947, o Brasil cantou "Escandalosa" (Djalma Esteves e Moacir Silva), "Rumba de Jacarepaguá" (Haroldo Barbosa), "Tico-tico na rumba" (Haroldo Barbosa e Peterpan). Em 1949, Emilinha gravou um dos seus maiores sucessos: "Chiquita bacana" (João de Barro e Alberto Ribeiro), mas perdeu para a cantora Marlene o título de Rainha do Rádio, fato que gerou tensões e atritos entre os respectivos fãs-clubes. Em 1950, gravou os baiões "Paraíba" e "Baião de dois" (ambos de Humberto Teixeira e Luis Gonzaga) e "Tomara que chova" (Paquito e Romeu Gentil). Ao longo dos anos 1960, seus maiores sucessos foram "Pó de mico" (Renato Araújo, Dora Lopes, Arildo de Souza e Nilo Viana) e "Mulata iê-iê-iê" (João Roberto Kelly). Participou de inúmeros filmes, entre os quais, em 1948, *Poeira de estrelas* (Moacir Fenelon) e *Aviso aos navegantes* (Watson Macedo). Em mais de vinte anos de carreira, Emilinha Borba tornou-se, juntamente com a rival Marlene, um dos primeiros ídolos da Rádio Nacional, tendo como principal veículo os programas de auditório, os fãs-clubes (que ainda hoje existem, espalhados pelo país) e as chanchadas cinematográficas. Faleceu em 3 de outubro de 2005.

Emilinha Borba

ANGELA MARIA

Abelim Maria da Cunha nasceu em 13 de maio de 1928, em Conceição de Macabu, distrito de Macaé (RJ). Começou a cantar nos cultos da Igreja Batista do bairro do Estácio, onde seu pai, Albertino Coutinho da Cunha, era pastor. Jovem, Abelim trabalhava na General Eletric, inspecionando lâmpadas. Queria ser cantora, fazer sucesso, ser uma segunda Dalva de Oliveira, cantora que imitava. Participou – sempre ganhando – de todos os programas de calouro, mas ninguém a contratava. Um dia, Abelim abandonou a fábrica e a igreja e foi ser *crooner* no Dancing Avenida. Criou seu próprio estilo e organizou o seu repertório.

RIA A VALER!

Contratada pela Mayrink Veiga, iniciou sua carreira profissional cantando em diversos programas. Nessa época adotou o pseudônimo de Angela Maria, pois não queria que a família descobrisse as suas novas atividades. Gravou pela primeira vez em 1951, e uma das músicas, o samba "Não tenho você" (Paulo Marques e Ari Monteiro), bateu recordes de vendas. Era o sucesso que chegava. Nos anos seguintes, mais gravações e mais sucessos, ao ponto de tornar-se, em 1954, a Rainha do Rádio, com cerca de um 1,5 milhão de votos. Outro grande sucesso da cantora, na época, foi "Vida de bailarina" (Chocolate e Américo Seixas). O apelido de Sapoti lhe foi dado por Getulio Vargas, com uma frase galante: "Menina, você tem a voz doce e a cor do sapoti." A rigor, nenhuma voz suplantou a de Angela Maria nos anos 1950 e metade dos anos 1960: era inigualável. Influenciou cantoras, como Elis Regina e Clara Nunes, e cantores, como Cauby Peixoto e Djavan. Angela cantou muitos ritmos brasileiros ou latinos, mas os seus maiores sucessos foram os

Angela Maria

sambas-canção, com exceção do mambo "Babalu", que ela lançou em 1958. A partir dos anos 1960, o seu prestígio declinou, mas não apagou a velha luz: em 1970, ela ressurgiu cantando peças de autores modernos, como Chico Buarque, Caetano Veloso e Marcos e Paulo Sérgio Vale. Vale lembrar que Angela Maria gravou todos os compositores brasileiros possíveis, dos anos 1930 até hoje. De Noel Rosa e Pixinguinha a Renato Russo e Cazuza. Uma excelente cantora, uma voz absolutamente irretocável e bela.

DIRCINHA BATISTA

Dirce Grandino de Oliveira nasceu em São Paulo, no dia 7 de abril de 1922. Irmã de Linda Batista, Dircinha marcou época no Brasil: Ary Barroso costumava dizer que Dircinha tinha a voz mais bela do Brasil. Gravou inúmeros sucessos, cantou em cassinos e fez muitas excursões pelo Brasil. Nos anos 1970, após abandonar a vida artística, viveu com a irmã praticamente enclausurada num apartamento de Copacabana, único bem imóvel que restou a ambas. Após o falecimento de Linda, foi acometida de profunda depressão, sendo levada para o Hospital Psiquiátrico Doutor Eiras, onde faleceu, no dia 18 de junho de 1999.

NORA NEY

Iracema de Sousa Ferreira nasceu no Rio de Janeiro, em 20 de março de 1922. Em 1948, participou do fã-clube Sinatra-Farney. Em fins de 1951, estreou na Rádio Tupi, cantando músicas estrangeiras com o pseudônimo de Nora Ney. Por convite de Haroldo Barbosa, que a convenceu a abandonar o repertório estrangeiro, substituiu Araci de Almeida no quadro "Viva o Samba", do programa *Rádio Seqüência G-3*. Foi contratada pela Nacional, que transmitia diretamente da boate Midnight, do Copacabana Palace, o programa *Ritmos da Panair*, no qual trabalhou durante quatro anos ao lado de Dóris Monteiro e Jorge Goulart, com quem mais tarde se casou. Em 1952 gravou o primeiro disco e fez o maior sucesso com a música "Menino grande", de Antonio Maria. No mesmo ano gravou "Ninguém me ama", de Antonio Maria e Fernando Lobo, que se transformou numa espécie de marca da sua carreira. Juntamente com seu marido, Nora Ney era uma pessoa politicamente engajada, tendo militado durante anos no Partido Comunista Brasileiro. Morreu aos 82 anos, no dia 28 de outubro de 2003.

Nora Ney

MARLENE

Vitória Bonaiutti de Martino nasceu em São Paulo, em 22 de novembro de 1924. Estreou como cantora aos 13 anos apresentando-se no programa *Hora do estudante*, na Rádio Bandeirantes de São Paulo. Adotou o nome artístico de Marlene em homenagem à atriz alemã Marlene Dietrich. Em 1940, mudou-se para o Rio de Janeiro, atuando, inicialmente, na Rádio Mayrink Veiga (depois de uma breve passagem pela Rádio Globo) e nos cassinos da Urca e Icaraí. Trabalhou no cinema e em shows, (Henrique de Almeida e M. Garcez), que viria ser um dos seus maiores sucessos. Estreou na Rádio Nacional em 1948, no *Programa César de Alencar*, quando recebeu o *slogan* "Ela que canta e samba diferente". Em 1949, foi eleita Rainha do Rádio, batendo a sua eterna rival, Emilinha Borba. Ganhou um programa só seu, *Duas majestades*, e passou a se apresentar no *Programa Manoel Barcelos*. Em 1949, gravou com Os Cariocas os baiões "Macapá" e "Qui nem jiló", ambos de Luis Gonzaga e Humberto Teixeira. Outros sucessos seus foram: "Sapato de pobre", "Lata d'água", ambos de Luiz Antonio e Jota Júnior, e "Zé Marmita" (Brasinha e Luiz Antonio). Casou-se com o ator Luis Delfino e fez com ele um programa de muito sucesso chamado *Marlene, meu bem*. Ganhou inúmeros prêmios e sempre participou de shows em boates e teatros. Cantora de grande expressão na música popular brasileira, era um ícone, um mito cujo repertório não pode ser taxado de velho ou de novo, porque era essencialmente eterno. Era uma grande cantora e uma intérprete de primeira linha, que dignificou a era dourada da Rádio Nacional.

DALVA DE OLIVEIRA

Vicentina de Paula Oliveira nasceu no dia 5 de maio de 1917, na cidade de Rio Claro (SP). A pequena Vicentina, desde cedo, cantava com o pai, que, além de marceneiro, tocava clarinete e fazia serenatas. A morte do pai, contudo, provocou dificuldades para a família, que se transferiu para São Paulo, em busca de melhores condições de vida. Em 1934, transferiram-se para o Rio de Janeiro, onde foram morar à rua Senador Pompeu, numa "cabeça-de-porco". No Rio, Vicentina empregou-se como costureira numa fábrica de chinelos, da qual um dos proprietários, Milton Guita, conhecido como Milonguita, era diretor da Rádio Ipanema. Daí, é claro, a um teste na emissora foi um pulo. Foi aprovada e, logo depois, transferiu-se para as rádios Sociedade e Cruzeiro do Sul. Trabalhou no Teatro Fênix e na Cancela, em São Cristóvão, onde conheceu Herivelto Martins, com quem viria a se casar em 1937. Herivelto, nessa época, cantava com Nilo Chagas, formando os dois a Dupla Preto e Branco. Com Dalva, Herivelto propôs à cantora a formação de um trio, que por sugestão de César Ladeira, recebeu o nome de Trio de Ouro. Em 1938, após uma curta temporada na Mayrink Veiga, o Trio de Ouro foi contratado pela Rádio Tupi. É inegável o grande prestígio que o Trio de Ouro usufruiu nessa época. Em 1947, após uma fase de crise entre os dois, Herivelto e Dalva se separaram, dando início a uma fase de acusações mútuas que fez a imprensa delirar. A polêmica musical que se seguiu, apesar de tudo, trouxe uma série de músicas para o cancioneiro popular, que engrandeceu o segmento "fossa" ou "dor-de-cotovelo". Dalva de Oliveira iniciou, então, uma carreira individual, sempre com muito brilho e sucesso. Gravou grandes sucessos, como "Ave-Maria do Morro" (Herivelto Martins), "Errei sim" (Ataulfo Alves), "Palhaço" (Osvaldo Martins, Washington e Nelson Cavaquinho), "Estrela do mar" (Marino Pinto e Paulo Soledade), "Neste mesmo lugar" (Klécius Caldas e Armando Cavalcanti), "Rancho da Praça Onze" (João Roberto Kelly e Chico Anísio) e "Bandeira branca" (Laércio Alves e Max Nunes). Dalva de Oliveira morreu no dia 31 de agosto de 1972.

É O MAIOR!
É O MAIOR!

FRANCISCO ALVES

A carreira de Francisco Alves foi uma notável seqüência de sucessos. Desde a sua estréia, em 1918, até a sua morte, em 1952, Chico Alves, também conhecido como Chico Viola, jamais teve o seu prestígio minimamente abalado. Nunca se envolveu em escândalos, não bebia, não usava drogas e não era um mulherengo compulsivo. Enquanto os seus principais concorrentes, Orlando Silva e Sílvio Caldas, pelos mais diversos motivos, experimentaram altos e baixos em suas vidas e carreiras, Chico Alves era, disparado, o cantor que mais vendia discos, os seus programas de rádio eram campeões de audiência e os seus shows arrastavam mais gente que os de qualquer outro cantor.

Chico Alves foi o primeiro a conferir à atividade de cantor um status profissional. Era, além disso, um homem poderoso. Sua vontade era lei nas gravadoras e emissoras em que trabalhava. Usou e abusou do seu enorme prestígio para lançar, ajudar e apoiar jovens compositores (como Ari Barroso, Herivelto Martins, Ismael Silva) e cantores (como Orlando Silva, Araci de Almeida e as irmãs Batista). Como disse o *Jornal do Brasil* no dia do seu enterro, Chico Alves "era muito querido como pessoa. Sua carreira tinha chegado bem cedo ao sol do meio-dia e parara, sem as ameaças do crepúsculo". Embora de gosto duvidoso, a imagem era precisa e digna.

Precisa, digna e, sem dúvida, merecida, porque a carreira de Chico Alves pode ser avaliada não só em méritos artísticos, como em números superlativos. Em 34 anos de carreira, Chico deixou gravado não um repertório, mas uma avalanche de 983 discos de 78 rpm, ou seja, 1.966 músicas – equivalentes hoje a 163 CDs de 12 faixas! Isso mesmo: 163 CDs em 34 anos, o que corresponderia a, pelo menos, quatro CDs por ano, uma façanha digna do *Livro Guinness dos Recordes*.

Francisco de Moraes Alves nasceu na rua da Prainha, hoje rua do Acre, na zona central do Rio de Janeiro, em 19 de agosto de 1898. Cursou apenas a escola primária, embora haja quem diga que nem isso. Foi engraxate, operário em fábrica de chapéus e motorista de táxi. Sua carreira artística co-

Francisco Alves

meçou em 1918, no Circo Spinelli, e terminou em 27 de setembro de 1952, quando o seu carro, que ele mesmo dirigia, se chocou contra um caminhão na Via Dutra, próximo à cidade de Pindamonhangaba. Francisco Alves, 54 anos, morreu na hora. Carbonizado. Tal como o seu amigo Carlos Gardel, e da maneira que ele mais temia.

Chico Alves não era só um cantor: era um intérprete e um personagem. Como tal, encarou todos os gêneros da sua época: samba, samba-canção, valsa, marcha, tango, bolero, foxtrote e rumba, sempre com muito talento, arte e charme. O cognome, o Rei da Voz, criado em 1933 pelo locutor César Ladeira, diz tudo.

O público que lhe foi fiel em vida transformou o seu enterro num doloroso espetáculo de saudade e pranto. Na sua lápide, os versos do poeta Joubert de Carvalho resumiam a imensa emoção que tomou conta de todos os presentes: "*Tu, só tu, meu violão/ amigo na solidão/ ouvirás o meu cantar/ (...)/ Tu, só tu, madeira fria,/ sentirás toda agonia/ do silêncio do cantor*".

OS CONJUNTOS VOCAIS

ANJOS DO INFERNO

Conjunto vocal e instrumental organizado no Rio de Janeiro em 1934. Liderado por Oto Alves Borges, que atuava como *crooner*, incluía inicialmente os violonistas Moacir Bittencourt e Filipe Brasil, os irmãos Antonio Barbosa (pandeiro) e José Barbosa (violão tenor), além de Milton Campos. Apesar das numerosas alterações sofridas pelo grupo, os Anjos do Inferno mantiveram, nos seus trinta anos de atividades no Brasil e no exterior, as mesmas características musicais. Alguns de seus sucessos foram: "Brasil pandeiro", "Você já foi à Bahia?", "Cordão dos puxa-sacos", "Nêga do cabelo duro" e "Helena, Helena".

OS CARIOCAS

Criado em 1942, a primeira formação oficial do grupo contou com Ismael Neto, Severino Filho, Emmanoel Furtado, Badeco, Waldir Viviani e Jorge Quartarone, Quartera. Em 1946, o grupo ingressou na Rádio Nacional, participando dos musicais *Um milhão de melodias*, *Canção romântica* e *Quando canta o Brasil*, além dos programas *César de Alencar*, *Manoel Barcellos* e *Paulo Gracindo*. Os Cariocas atuaram intensamente no Brasil e no exterior. Na década de 1960, tornaram-se importantes intérpretes da bossa nova, influenciando outros conjuntos que surgiram na época. Depois de uma interrupção na sua carreira, Os Cariocas voltaram a se reunir, tornando-se, sem dúvida, o mais importante conjunto a interpretar músicas da bossa nova. Hoje, apenas Severino Filho é remanescente do grupo inicial. Alguns de seus sucessos foram "Nova ilusão", "Marca na parede", "Adeus América", "Samba do avião", "Águas de março", "Mas também quem mandou" e "Corcovado".

QUATRO ASES E UM CORINGA

Conjunto vocal e instrumental, cuja formação inicial era Evenor de Pontes Medeiros, José de Pontes Medeiros, Permínio de Pontes Medeiros, André Batista Vieira e Esdras Falcão Guimarães. Foi, juntamente com os Anjos do Inferno, o conjunto de maior destaque na música popular brasileira na década de 1940. Alguns de seus sucessos foram "Terra seca", "Na Baixa do Sapateiro", "Baião", "É com esse que eu vou" e "Cabelos brancos".

TRIGÊMEOS VOCALISTAS

Conjunto organizado em 1937, em São Paulo, pelos irmãos Armando Carezzato e os gêmeos Raul e Humberto Carezzato. Em 1939, fizeram uma temporada no Cassino Atlântico, no Rio de Janeiro, ao mesmo tempo em que ingressaram na Rádio Nacional. Participaram de vários programas na PRE-8, entre os quais *Quando canta o Brasil* e *César de Alencar*. Alguns de seus sucessos foram "Dom Pedrito", "Eu vou sapatear" e "El cumbanchero".

TRIO IRAKITAN

O grupo formou-se, em 1949, na cidade de Natal (RN), com Edson Reis de França, Edinho, no violão, Paulo Gilvan Bezerril, Gilvan, no afoxé, e João Manoel Costa Neto, Joãozinho, no tantã. Depois de longa viagem pela América, foram contratados, em 1954, pela Rádio Nacional. Participaram de 12 filmes nacionais, três dos quais (*Rio fantasia*, *Virou bagunça* e *Três colegas de batina*) como atores principais. Na Rádio Nacional, tiveram um programa próprio, *Música e beleza*, produzido por Roberto Faissal e patrocinado pela Pond's. Participavam, ainda, dos programas *César de Alencar*, *Quando canta o Brasil*, *Gente que brilha*, entre outros. Alguns de seus sucessos foram "Siga", "Eu vim morar no Rio", "Assim é o meu Rio" e "Andorinha preta". Dos primeiros integrantes do Trio, apenas Gilvan encontra-se em atividade.

TRIO NAGÔ

O grupo formou-se em Fortaleza (CE), em 1950, por Evaldo Gouvêa (violão), Mário Alves e Epaminondas de Sousa. Apresentou-se, durante anos, no Nordeste, mudando-se, depois, para São Paulo. Em 1953, fixou-se no Rio de Janeiro, onde se apresentou no *Programa César de Alencar*. Não chegou a ter um programa específico na Rádio Nacional. Alguns de seus sucessos foram "Prece ao vento", "Meu pião", "Acorrege a prenúncia" e "O gemedor".

TRIO DE OURO

Em 1934, Herivelto Martins e Nilo Chagas formavam a Dupla Preto e Branco. No ano seguinte, Dalva de Oliveira, uma cantora novata, passou a cantar com os dois, surgindo assim o Trio de Ouro, nome sugerido por César Ladeira. Fizeram sucesso imediato, cantando em rádios e cassinos. Em 1950, a rumorosa separação de Herivelto Martins e Dalva de Oliveira, que provocou uma batalha musical de acusações, desfez o conjunto, que voltou à cena, mais tarde, com nova formação. O conjunto manteve o sucesso inicial, tanto no Brasil como no exterior. Alguns de seus sucessos foram "Ave Maria do morro", "Laurindo", "Praça Onze", "Saudades da Mangueira" e "A Bahia te espera".

TRIO MADRIGAL

Grupo vocal feminino organizado pelo maestro Alceu Bocchino, em 1946. Faziam parte do trio, no início, Edda Cardoso, Magda Marialba e Margarida Oliveira (irmã de Dalva de Oliveira). Em 1947, foram contratadas pela Rádio Nacional, apresentando-se sozinhas ou juntamente com o Trio Melodia. Cantaram em quase todos os programas da emissora, acompanhando cantoras e cantores, como Carmélia Alves e Jorge Goulart. Alguns de seus sucessos foram "Dominó", "Guacira", "Mulher rendeira", "Tristezas do Jeca" e "Asa branca".

TRÊS MARIAS

Conjunto vocal constituído de início por Marília Batista, Salomé Cotelli e Bidu Reis. Formado na Rádio Nacional por José Mauro, o grupo apresentou-se sozinho ou acompanhando o Trio Melodia e cantores e cantoras da emissora, chegando a trabalhar no cinema. Em 1957, o grupo se dissolveu. Alguns de seus sucessos foram "Conceição da praia", "Aula de música" e "Não me diga adeus".

TRIO MELODIA

Conjunto vocal formado na Rádio Nacional em 1943, a fim de suprir as necessidades do programa *Um Milhão de Melodias*. Era constituído por Paulo Tapajós, Nuno Roland e Albertinho Fortuna, os quais continuaram suas carreiras paralelamente. Cantaram também com o Trio Madrigal e com As Três Marias. Alguns de seus sucessos foram "De papo pro ar", "Pregões cariocas", "Lancha nova" e "Chegou a hora da fogueira".

OS MAESTROS

Depois que a Rádio Nacional superou de vez a era das improvisações, enveredou definitivamente na era dos programas de alta montagem. Aos seus arranjadores e maestros foi dada, nessa nova fase, uma missão das mais importantes: a de encontrar (ou compor) efeitos musicais que realizassem um "fundo sonoro" capaz de valorizar a impressão auditiva. Fazia-se, assim, a chamada "música radiofônica", que dava forma às abstrações do microfone, colorindo vozes e sons neutros. Tais "fundos sonoros" foram utilizados em diversos programas e novelas da emissora. Outra prioridade dada ao trabalho dos maestros eram os arranjos, sempre muito apurados e que valorizavam em muito as melodias.

Os maestros compunham, por assim dizer, a equipe dirigente da Orquestra da Rádio Nacional, composta por 24 violinos, 5 violas, 4 violoncelos, 5 contra-baixos, 5 flautas, 2 oboés e corno-inglês, 4 clarinetes, 1 clarone, 1 trompa, 14 saxofones, 4 baterias, 4 pianos, 8 pistons, 7 trombones, 1 harpa, 4 guitarras, 8 ritmos e 11 solistas.

RADAMÉS GNATALLI

Nasceu em Porto Alegre (RS), em 27 de janeiro de 1906. Estudou piano em casa, com a mãe. Aos 14 anos, entrou para o Conservatório de Porto Alegre, ingressando já no quinto ano. Em 1936, foi contratado pela Rádio Nacional, onde formou com o violonista Iberê Gomes Grosso e o violonista Romeu Ghipsman o Trio Carioca. Na Nacional tornou-se arranjador e produtor de musicais. Gravou inúmeros discos de músicas populares e sinfônicas. Radamés foi um dos músicos brasileiros que transcendeu a preconceituosa dicotomia entre o clássico e o popular. Tornou-se figura emblemática da música brasileira. Faleceu no dia 13 de janeiro de 1988, no Rio de Janeiro (RJ).

LÉO PERACCHI

Nasceu em São Paulo (SP), em 30 de setembro de 1911. Na Rádio Nacional, onde ingressou em 1941, foi arranjador, regente e compositor. Foi professor de Antonio Carlos Jobim e, sem dúvida, um dos mais destacados orquestradores da música brasileira, participando da produção de programas musicais da PRE-8, figurando ao lado de Radamés Gnatalli, Lírio Panicalli e Pixinguinha, entre outros. Morreu em 16 de janeiro de 1993, no Rio de Janeiro (RJ).

LÍRIO PANICALLI

Considerado um dos grandes maestros dos anos dourados da Rádio Nacional. Ingressou na Rádio Nacional em 1938.

Radamés Gnatalli

Compôs trilhas sonoras para o cinema, produziu programas musicais para a PRE-8 e tornou-se arranjador respeitado e muito solicitado. Com Paulo Roberto, criou o programa *A lira do Xopotó*, sobre bandas do interior. O programa motivou a gravação de discos homônimos, com o repertório de músicas regionais. Nasceu em Queluz (SP), em 26 de junho de 1906. Faleceu em Niterói (RJ), em 29 de novembro de 1984.

EDUARDO PATANÉ

Eduardo Carmelo Patané nasceu em São Paulo, no dia 1º de abril de 1906 e morreu em 15 de março de 1969. Foi pianista de salas de espera de cinemas. Em 1939, recebeu de Celso Guimarães o convite para trabalhar na Rádio Nacional, onde foi regente e arranjador.

ALCEU BOCCHINO

Alceu Ariosto Bocchino nasceu em Curitiba (PR), em 30 de novembro de 1918. Na Rádio Nacional, foi regente e orquestrador.

CHIQUINHO

Francisco Duarte nasceu no Rio de Janeiro, em 3 de dezembro de 1907. Faleceu na mesma cidade, em 1º de novembro de 1983. Desde jovem atuou e regeu orquestras. Em 1945, ingressou na Rádio Nacional, participando de programas de auditório à frente da Orquestra do Chiquinho. Ficou conhecido pelos lenços enormes que usava no bolso superior do paletó.

ALBERTO LAZOLLI

Nasceu em São Paulo, em 3 de julho de 1906. Atuou na Rádio Nacional na fase áurea da emissora. Na PRE-8, além de acompanhar Francisco Alves em seu famoso programa do meio-dia de domingo, participou ativamente de inúmeros outros, como *Quando os maestros se encontram*.

MOACIR DOS SANTOS

Moacir José dos Santos nasceu em Vila Bela, Pernambuco, em 27 de julho de 1926. Instrumentista, arranjador, regente e compositor, nasceu de uma família simples do sertão. Em 1951, o diretor artístico da Rádio Nacional, Paulo Tapajós, convidou-o para fazer parte do programa *Quando os maestros se encontram*. Moacir escreveu, então, os arranjos musicais de duas músicas, "Na Baixa do Sapateiro", de Ary Barroso, e "Melodia para trompa em fá", de sua autoria, tornando-se, após a apresentação, membro efetivo do quadro de maestros da emissora.

DUPLAS DA FUZARCA

JARARACA E RATINHO

José Luis Rodrigues Calazans, o Jararaca, e Severino Rangel de Carvalho, o Ratinho, nasceram no mesmo ano: 1896. O segundo em 13 de abril, na cidade de Itabaiana (PB), e o primeiro no dia 29 de setembro, na capital alagoana, Maceió.

A fantástica capacidade de improvisação de Jararaca e o notável talento musical de Ratinho fizeram da dupla uma das mais originais entre as que surgiram no seu tempo e depois dele.

Os dois se conheceram em 1919, mas só atuariam em dupla na década de 1920, durante uma excursão ao Uruguai e à Argentina: os demais membros da caravana retornaram ao Brasil, cabendo aos dois, que já usavam os apelidos, cumprir o restante dos compromissos. Foi a partir de 1927 que a dupla começou a atuar oficialmente. Na década de 1930, divergências fizeram com que a dupla fosse desfeita. Em 1937, foi lançada a marcha "Mamãe eu quero", de Jararaca e Vicente Paiva, que se tornaria um dos maiores sucessos do carnaval de todos os tempos. Foi, também, uma das primeiras músicas a ser cantada no exterior, tendo sido gravada por Bing Crosby. No fim dos anos 1930, a dupla mais uma vez se recompôs, e passou a atuar no Cassino da Urca.

Em 1941, após uma nova separação e um novo reencontro, foram contratados pela Rádio Nacional, onde obtiveram muito sucesso. Lá permaneceram por cinco anos, época em que tiveram um programa (sextas-feiras à noite), em que exerciam toda a capacidade da dupla nas improvisações. No programa, Jararaca criou uma maneira "muito doida" de apresentar o patrocinador: "Agá-le-leu-ce-agá-lê-cá-le-agá-le-lhol-til! Eucalol!"

Após um período em que atuou em outras emissoras, a dupla retornou à Rádio Nacional em 1955. Em 1964, Jararaca, que pertencia ao

Partido Comunista Brasileiro, foi demitido da emissora, denunciado pelo apresentador César de Alencar. A punição não atingiu Ratinho, que fez, na época, um comentário melancólico: "O que será do Ratinho sem o Jararaca, me digam?"

Ratinho morreu em Duque de Caxias (RJ), em 8 de setembro de 1972. Jararaca faleceu no dia 11 de outubro de 1977, na cidade do Rio de Janeiro. Ambas morreram pobres.

"Mamãe eu quero" rodou o mundo

"Segundo pesquisas de Luiz Geminiano, a música 'Mamãe eu quero' de Jararaca e Vicente Paiva, apareceu de fundo ou foi cantarolada em muitos filmes americanos, como *Babes on Broadway*, com Mickey Rooney e Judy Garland, em 1942; *Scared Stiff*, em que Jerry Lewis dubla Carmen Miranda, em 1953; *Os reis da noite*, com Eddie Murphy, e em *Stella*, cantarolada por Bette Midler, em 1989. Os Irmãos Marx a tocaram no piano em *Casa maluca*, em 1941, e até Tom e Jerry apareceram cantando e dançando a marchinha num desenho animado de 1943. Em 1994, num telefilme francês da série *Inspetor Maigret*, ela reapareceu. Na gravação de Astrud, ex-mulher de João Gilberto, a autoria foi completamente esquecida, inclusive nos dois relançamentos, de 1988 e 1991." (Nepomuceno, 1999)

No Brasil, "Mamãe eu quero" foi gravada por Carmen Miranda, Pixinguinha, Lira do Xopotó, Altamiro Carrilho, Wilson Simonal, Gilberto Gil, Banda do Canecão, além, é claro, pelo próprio Jararaca.

Jararaca e Lampião, uma dupla impensável

Segundo disse em entrevista aos jornalistas Iza Freaza, Roberto Moura, Jaguar e Tárik de Souza, Jararaca se juntou por dois anos ao bando de Lampião. Isso ocorreu logo após o assassinato de Belmiro Gouveia, de quem Jararaca e o próprio Lampião eram empregados. Os dois formaram o bando para vingar a morte de Belmiro.

No livro que publicou sobre a dupla, Sonia Maria Calazans Rodrigues estampou uma fotografia do bando de Lampião, que mostra, ao fundo, o jovem Jararaca, com seu indefectível chapéu de cangaceiro.

As músicas

Além da marcha "Mamãe eu quero", Jararaca foi autor de inúmeras outras músicas. Uma delas é "Do Pilá", gravada em 1938 com os parceiros Augusto Calheiros e Zé do Bambo. O refrão – "*Inda ontem eu vim lá do Pilá*" – entraria, como música incidental, em "O boto", de Tom Jobim, no disco *Urubu*. Cabe destacar, como exemplo, a belíssima canção "Rancho da Encruzilhada", gravada em 1940 por Augusto Calheiros e, em 1963, pelo Trio Irakitan.

Rancho da encruzilhada
(Jararaca - Augusto Calheiros)

O ranchinho abandonado
Qual um ninho de ilusão
Foi morada da alegria
É agasalho hoje em dia
De cruéis recordações.

Uma piada

O diálogo que se segue foi extraído do livro de Rosa Nepomuceno (1999) e mostra o tipo de humor que prevalecia na década de 1920, marcado, sobretudo, pela ingenuidade.

– Ô cumpadi. Sabe que lá na minha cidade fizeram uma torre tão arta, mas tão arta, que tiveram que virá a ponta dela?

– Pra quê, cumpadi?

– Pra lua podê passa, porque tava enganchada!

– Ô cumpadi! Na minha terra tem um trem tão ligeiro, tão ligeiro, que quando ocê entra nele já tem que compra o bilhete de vorta!

– Que mentira, cumpadi! Trem ligeiro tem na minha terra! O sujeito brigou com o chefe da estação, foi dá um tapa nele e acertô no chefe da outra estação, distante 30 quilômetros.

ALVARENGA E RANCHINHO

Murilo Alvarenga nasceu em Itaúna (MG), em 1912, e faleceu em São Paulo (SP), em 1978. Diésis dos Anjos Gaia, o Ranchinho, nasceu em Jacareí (SP), em 23 de maio de 1913, e morreu, em 1991, na cidade de São Vicente (SP).

Alvarenga e Ranchinho se conheceram em Santos (SP), em 1928. Resolveram, então, cantar juntos em circo, interpretando, desde o início, o gênero sertanejo, que era uma novidade na época. Depois de trabalhar em São Paulo, foram para o Rio de Janeiro.

A dupla viajou muito pela América Latina. Na Rádio Nacional, a própria dupla passou a produzir o *Programa Alvarenga e Ranchinho*, no qual faziam paródias e gozações com os políticos da época, com os colegas do rádio e os costumes da época. Nada escapou ao humor fino da dupla: as trapalhadas políticas, a burocracia, as mudanças de comportamento, o biquíni, as esquisitices das mulheres, o racionamento de gasolina.

O *Programa Alvarenga e Ranchinho* ia ao ar às terças-feiras, às 20 horas, com o patrocínio do Rhum Creosotado, a ducha dos rins. A locução era de Jorge Cury.

A dupla se separou muitas vezes, mas sempre voltava a trabalhar junta. A partir dos anos 1970, a dupla deixou de se apresentar nos grandes centros, limitando seus trabalhos ao interior do país, onde ainda desfrutavam de prestígio.

A dupla *versus* Getúlio

Alvarenga e Ranchinho tiveram muitos problemas com a censura e a polícia política durante o Estado Novo. Presos quatro vezes, foram obrigados a permanecer detidos em delegacias (eram soltos nas manhãs seguintes), ouvindo reprimendas por seu "comportamento não cooperativo e desrespeitoso". Um dia, porém, Alzira Vargas, a Alzirinha, a filha dileta do "baixinho", convidou-os para uma visita ao Palácio do Catete. Ressabiados, foram. Era dia do aniversário de Getulio, 19 de abril de 1939. Solicitados, fizeram uma apresentação, cantando sátiras políticas, incluindo algumas contra o governo. Ao fim da apresentação, Getulio gargalhava: "Podem fazer o que quiserem, ninguém mais irá incomodá-los", afirmou. Ranchinho, mais tarde, confessou: "Mas sem censura perdeu a graça falar do Getulio."

Uma sátira

"O soldado que perdeu a parada" é uma música longa, divertida. Critica a burocracia estatal e a ineficiência diante dos problemas. Conta a história de um soldado que faltou a uma parada militar e escreveu uma carta ao seu superior, que a enviou ao cabo, que a despachou para o sargento, que a empurrou para o tenente, que a encaminhou para o capitão, que a remeteu ao major, que a repassou ao coronel, que a levou ao general, que a transferiu ao marechal. A música termina assim:

O marechal que não gosta de embrulho, pegou logo na pena e escreveu para o Getulio. O Getulio que é homem muito ativo, pegou a papelada e mandou para o arquivo.

Os artistas da
Colúmbia do Brasil
cumprimentam a
REVISTA DO RÁDIO,
pelo seu
10º ANIVERSÁRIO
Dóris Monteiro
Julie Joy
Caubi Peixoto
Sílvio Caldas
Alcides Gerardi
Déo
Luiz Cláudio
Ribama
Luizinho
Lana Bitencourt
Sílvio Mazz
Zezé Gonz
Costa
Conjunto Farroupilha
Zé Trindade
Carlinhos
Leny Caldeira
Élen de Lim
Paulo Marqu
roldo de Almeida
Salinas
Gilvan Chaves
Polly
Reynaldo Calheiros
DISCOS COLUMBIA

ARY BARROSO NA NACIONAL

Após trabalhar por longo tempo na Rádio Tupi, Ary Barroso (Ubá, 1903 – Rio de Janeiro, 1964), considerado por alguns o maior compositor da música popular brasileira, transferiu-se para a Rádio Nacional. "Deixei as Associadas para não me transformar em móveis e utensílios, depois de 15 anos de atividade artística. Foi uma desconsideração a ordem de transmitir um jogo de futebol, entre os quadros mistos do Vasco da Gama e do Taubaté." Quadros mistos, no jargão futebolísticos da época, significava times reservas. Ary Barroso encarou como afronta a decisão de escalá-lo para narrar uma partida de times reservas.

Ary foi recebido pela sua nova emissora no dia 22 de julho de 1956, com um programa espetacular (*Aqui está o Ary*), apresentado e escrito especialmente por Paulo Roberto. O programa, patrocinado pelo Alka-Seltzer, foi ao ar às 22h35, e dele tomaram parte destacados cartazes da PRE-8. Hélio Paiva abriu o espetáculo cantando "Chula ô", acompanhado por orquestra e coral regidos por Ercole Vareto. Gilberto Milfont interpretou "Loanda". Em seguida, Heleninha Costa interpretou "Terra seca", e o fez com tanta emoção que Ary foi abraçá-la, chorando. Marlene e Chocolate cantaram "Mestiça". Orlando Silva apresentou "Tu". Nuno Roland cantou, a seguir, "Faceira". Lúcio Alves veio de "Bahia". A festa encerrou-se com Zezé Gonzaga e Gilberto Milfont cantando "Aquarela do Brasil".

Além do programa de estréia, Ary apresentou na emissora três programas semanais: *Campeonato Alka-Seltzer*, *Olha o gongo* e *Radioflagrantes Ary Barroso*. O *Campeonato Alka-Seltzer* tinha como objetivo premiar os conhecedores de assuntos esportivos. *Olha o gongo*, que ia ao ar às quartas feiras, às 22h10, era a nova versão do seu famoso programa de calouros e estreou no dia 5 de setembro de 1956, patrocinado pela Cinzano. *Radioflagrantes Ary Barroso* era apresentado nas noites de segundas-feiras. Nesse programa, uma oferta do Colírio Moura Brasil e de Cilion, a obra do compositor era dissecada semanalmente. Segundo Sérgio Cabral, em *No tempo de Ary Barroso*, o programa estreou debatendo o tema plágio. "Ary Barroso confessou aos ouvintes já ter cometido plágio, ao compor 'Eu gosto de samba', 'Uma furtiva lágrima' e 'Cem por cento brasileira', além de ter aproveitado a melodia de 'Muñequita' em 'Foi ela' e do 'Mercado persa' em 'O correio já chegou'." Cabral observou, ainda, que a crítica elogiou bastante a "corajosa confissão" do compositor.

O salário de Ary Barroso na Rádio Nacional era de Cr$ 70.000,00 (70 contos, como se dizia). Apesar disso, Ary Barroso não ficou muito tempo na Rádio Nacional. Menos de três anos depois de ter assinado contrato com a emissora, preferiu seguir o seu rumo: voltou à Tupi.

L'AFFAIRE DALVA DE OLIVEIRA E HERIVELTO MARTINS

O casamento de Dalva de Oliveira e Herivelto Martins, segundo imagem muito usada na época, tinha tudo para ser um conto de fadas. Dona de uma voz poderosa e privilegiada, cuja extensão ia do contralto ao soprano, Dalva conheceu Herivelto em 1937, quando este, em companhia de Nilo Chagas, ganhava uns trocados se apresentando em teatros e cinemas suburbanos. Herivelto, que era louro, e Chagas, que era preto retinto, usavam na ocasião um nome artístico óbvio: Dupla Preto e Branco.

Ainda em 1937, Herivelto foi chamado para atuar no Teatro Fênix, de Pascoal Segreto. Já casado com Dalva, Herivelto propôs à cantora e ao parceiro a formação de um trio vocal, que, por sugestão do radialista César Ladeira, recebeu o nome que o consagraria: Trio de Ouro. O sucesso do novo conjunto, turbinado por músicas como "Praça Onze", "Ave-Maria do morro", "Laurindo", e por constantes e exitosas temporadas nos Cassinos da Urca e de Icaraí, foi imediato. Em 1947, contudo, deu-se o furdúncio: o casal não só se separou como iniciou uma batalha de acusações e ofensas mútuas, que durante dois anos emocionou fãs e fartou jornais e revistas.

Ninguém é capaz hoje de afirmar com segurança quem traiu quem, por que, quando, onde e com quem, mas o barraco gerou, pelo menos, uma unanimidade: a separação de Dalva e Herivelto deu uma contribuição notável ao segmento "dor-de-cotovelo" da música popular brasileira. Pois a crise vivida pelo casal não resultou apenas nos ressentimentos e dores naturais de uma separação, mas na formação de dois agrupamentos de compositores, dispostos a lavar a golpes de claves de sol a honra dos litigantes. De um lado, no papel de marido traído, o próprio Herivelto, que contou com a adesão imediata de Marino Pinto e David Nasser (que, no seu melhor estilo, escreveu artigos repugnantes no *Diário da Noite* contra a cantora). De outro, abastecendo Dalva de memoráveis canções em sua defesa, estavam Ataulfo Alves, Mário Rossi e J. Piedade.

Quem deu início à polêmica foi Herivelto, que lançou, na voz de Francisco Alves, o samba "Caminhemos", ao qual se seguiu, ainda dele e Marino Pinto, "Cabelos brancos", gravado pelo conjunto 4 Ases e Um Coringa, para o carnaval de 1949. Tais torpedos foram respondidos por Lourival Faissal e Gustavo de Carvalho, que fizeram "Mentira de amor" e por J. Piedade e Oswaldo Martins, que compuseram o samba "Tudo acabado", ambos lançados pela própria Dalva de Oliveira. Ninguém ficava indiferente a tanto sofrimento, paixão e fossa: uma revista da época divulgou uma enquete mostrando que os cariocas, ávidos por detalhes da separação, estavam praticamente divididos entre os pró-Herivelto e os que apoiavam Dalva de Oliveira. Os editores musicais e a mídia, que não perdia a chance de esquentar a polêmica, publicando versões e detalhes picantes do *affaire*, esfregavam as mãos, de olho na caixa registradora.

Bem verdade que o público ouvia uma música e, como num jogo de tênis, virava-se de imediato para o outro contendor, à espera de um novo e emocionante capítulo do dramalhão. Diante do "Tudo acabado", Herivelto retrucou com outras canções, como "Quarto vazio", "Culpe-me" e, sobretudo, "Segredo". O que veio depois quase tirou o fôlego dos ouvintes. Paulo Soledade e Marino Pinto (que mudara de lado, passando a apoiar a cantora) fizeram "Calúnia", que Dalva de Oliveira cantou com um soluço na voz. Em seguida, Ataulfo Alves, que já compusera, com Mário Lago, "Ai, que saudade de Amélia" e "Atire a primeira pedra", entregou à Dalva um dos clássicos da fossa musical: a sofrida confissão da mulher fragilizada que traiu por causa da indiferença do próprio companheiro – é mole? Pois bem, o samba-canção "Errei sim" foi lançado em setembro de 1950, e, de certa forma, marcou o fim da polêmica Herivelto Martins e Dalva de Oliveira. Ufa!

A separação dos dois notáveis artistas valorizou, por tudo o que produziu e foi cantado, a música popular brasileira. Ainda permanece na memória de boa parte dos ouvintes, sobretudo dos mais coroas. Episódio marcante da nossa "era do rádio", tal como a chamou Woody Allen, mereceu do humorista Aparício Torelly, o inesquecível Barão de Itararé, a palavra final:

O amor é terrível. O amor é belo
Tragédias tremendas e
briguinhas chinfrins
Desdêmona e o mouro Otelo,
Dalva de Oliveira e Herivelto Martins.

AS LETRAS DO *AFFAIRE*

CAMINHEMOS
(Herivelto Martins)

Não, eu não posso
lembrar que te amei...
Não, eu preciso esquecer que sofri.
Faça de conta que o tempo passou
E que tudo entre nós terminou

CABELOS BRANCOS
(Herivelto Martins e Marino Pinto)

Não falem dessa mulher
Perto de mim.
Não falem prá não lembrar
Minha dor.
Já fui moço,
Já gozei a mocidade,
Se me lembro dela,
Me dá saudade,
Por ela
Vivo aos trancos e barrancos,
Respeitem ao menos
Meus cabelos brancos.

TUDO ACABADO
(J. Piedade e Oswaldo Martins)

Tudo acabado entre nós
Já não há mais nada.
Tudo acabado entre nós
Hoje de madrugada.
Você chorou e eu chorei.
Você partiu e eu fiquei.
Se você volta outra vez,
Eu não sei.

QUARTO VAZIO
(Herivelto Martins)

O meu criado-mudo
Já se esqueceu de tudo,
Como tu te esqueceste também.
E quando a chuva chove lá na rua,
O asfalto se torna um espelho,
Refletindo a imagem tua.

CULPE-ME
(Herivelto Martins)

Culpe-me!
E razão você tem,
Pois eu sei que errei,
Culpe-me!
Logo a você que eu fui enganar...
Cometi uma grande traição
E lhe peço perdão
Me condene se quiser!

SEGREDO
(Herivelto Martins)

Seu mal é comentar o passado,
Ninguém precisa saber
O que houve entre nós dois.
O peixe é pro fundo da rede,
Segredo é prá quatro paredes,
Não deixe que males pequeninos
Venham transtornar
os nossos destinos.

CALÚNIA
(Paulo Soledade e Marino Pinto)

Deixa a calúnia de lado
Se de fato és poeta
Deixa a calúnia de lado
Que ela a mim não afeta
Tu me ofendes, tu serás o ofendido,
Pois quem com ferro fere
Com ferro será ferido.

ERREI, SIM
(Ataulfo Alves)

Errei, sim
Manchei o teu nome
Mas foste tu mesmo o culpado
Deixavas-me em casa
Me trocando pela orgia
Faltando sempre
Com a tua companhia

Dalva de Oliveira

LEMBRA-SE DELES?

BOB NELSON – Nelson Roberto Perez começou a carreira na década de 1930, na Rádio Educadora de Campinas, cidade onde nasceu (em 12 de setembro de 1918). Na década de 1940, gravou a música "Ó Suzana", versão de uma canção *country* americana. Vendeu 300 mil cópias. Vestia-se de caubói americano. Tornou-se atração do Cassino Atlântico, cantando ao lado de Libertad Lamarque, e era acompanhado por Luiz Gonzaga, em começo de carreira. Gravou "O boi Barnabé" (Victor Simon e Bob Nelson), "Santa Fé" (Nelson Teixeira e José Cunha) e "Meu cavalo" (Arlindo Márquez Júnior e Roberto Roberti), entre muitos outros. Participou de vários filmes, como *Segura esta mulher* (1946), *Este mundo é um pandeiro* (1947) e *É com este que eu vou* (1948).

ADEMILDE FONSECA – Ademilde Fonseca Delfim nasceu em Macaíba (RN), em 4 de março de 1921. Transferiu-se para o Rio de Janeiro em 1941, apresentando-se logo depois do programa *Papel carbono*, de Renato Murce. Em 1942, estreou no disco gravando "Tico-tico no fubá" (Zequinha de Abreu) e "Voltei ao morro" (Benedito Lacerda e Darci de Oliveira). Na Rádio Nacional, a partir de 1954, atuou com os regionais de Canhoto, Jacó do Bandolim e Pixinguinha, entre outros. Obteve grande sucesso com as músicas "Brasileirinho" (Valdir Azevedo e Pereira da Costa) e "Galo Garnisé" (Miguel Lima, Luis Gonzaga e Antônio Almeida). É conhecida como a Rainha do Choro.

BILL FARR – Antonio Medeiros Francisco nasceu em Sapucaia (RJ), em 30 de outubro de 1925. Na Rádio Nacional, participou dos programas *Gente nova* (de Celso Guimarães), *César de Alencar*, *Um milhão de melodias* e *Orquestra melódica*, entre outros. Gravou seu primeiro disco em 1952. Trabalhou nos filmes *Barnabé, tu és meu* e *Carnaval Atlântida*. Abandonou a vida artística em fins dos anos 1950 para ser assistente do escritório comercial do Brasil em Madri, Espanha, cidade onde vive.

CARMÉLIA ALVES – Nasceu no Rio de Janeiro (RJ), em 14 de fevereiro de 1925. Em 1940, participou de programa de calouros na Rádio Tupi. Foi contratada pela Rádio Mayrink Veiga. Foi por meio do programa *Ritmos da Panair*, de Murilo Néri, transmitido pela Rádio Nacional diretamente da boate do Copacabana Palace Hotel, que começou a ficar conhecida. Obteve enorme sucesso com as gravações de "Trepa no coqueiro" (Ari Kerner), "Sabiá na gaiola" (Hervê Cordovil e Mário Vieira) e "Cabeça inchada" (Hervê Cordovil). Recebeu o título de Rainha do Baião. Participou de diversos filmes: *Agulha no palheiro* (1953), *Trabalhou bem* e *Genival* (1955), entre outros.

ODETE AMARAL – Filha caçula de um lavrador, nasceu em Niterói (RJ), em 28 de abril de 1917 e faleceu no Rio de Janeiro (RJ), em 11 de outubro de 1984. Em 1918, a família transferiu-se para o Rio de Janeiro, onde o pai foi trabalhar como motorista de caminhão. Aos 16 anos, fez um teste para a Rádio Guanabara. Apresentou-se depois na Rádio Clube do Brasil, Rádio Philips e Rádio Sociedade. Transferiu-se para a Rádio Nacional em 1937. Casou-se com o cantor Cyro Monteiro, de quem se separou em 1949. Participou de inúmeros coros de gravação para outros cantores. Seu maior sucesso, o choro "Murmurando" (Fon-Fon e Mário Rossi), foi lançado em 1945.

NUNO ROLAND – Reinold Correia de Oliveira nasceu em Joinville (SC), em 1º de março de 1913. Foi balconista, telegrafista e bancário. Começou a carreira artística com o nome Reinold de Oliveira. Ingressou na Rádio Nacional em 1936, tendo participado da inauguração da emissora. Formou o Trio Melodia com Paulo Tapajós e Albertinho Fortuna. Gravou vários clássicos da música popular brasileira, como "Maria" (Ary Barroso e Luiz Peixoto), "Os quindins de Iaiá" (Ary Barroso), "Maria Boa" (Assis Valente), "Pirata da perna de pau" (João de Barro), "Fim de semana em Paquetá" (João de Barro), "Lancha nova" (João de Barro e Antonio Almeida) e "Guarapari" (Pedro Caetano). Morreu no Rio de Janeiro (RJ), em 20 de dezembro de 1975.

DÉO – Ferjalla Rizkalla nasceu no Rio de Janeiro (RJ), em 10 de janeiro de 1914. Quem lhe deu o nome Déo foi Celso Guimarães: seu verdadeiro nome, segundo o locutor, era nome de comerciante, além de ser muito complicado. Gravou um total de 136 discos de 78 rpm, com um repertório de sambas de grandes compositores brasileiros: "Casta Suzana" (Ary Barroso e Alcir Pires Vermelho), "Prá machucar meu coração" (Ary Barroso), "Nervos de aço" (Lupicínio Rodrigues), "Alô padeiro" (Haroldo Lobo) e "O 56 não veio" (Haroldo Lobo e Wilson Batista). Déo morreu em 23 de setembro de 1971, no Rio de Janeiro.

ESTER DE ABREU – Ester de Abreu Pereira nasceu em Lisboa (Portugal), em 25 de outubro de 1921. Veio para o Brasil em 1948, sendo contratada pela Rádio Nacional. Seu grande sucesso ocorreu em 1952, com a gravação do fado-canção "Coimbra" (José Galhardo e Raul Ferrão). Além de fados, gravou boleros, sambas-canções e baiões. Por volta da década de 1970 afastou-se das atividades artísticas. Faleceu no Rio de Janeiro (RJ), em 24 de fevereiro de 1997.

DOLORES DURAN – Adiléia Silva da Rocha nasceu no Rio de Janeiro (RJ), em 7 de junho de 1930. Tinha 29 anos quando morreu (24 de outubro de 1959). Era uma excelente cantora, tendo gravado, entre outros, "Outono"

(Billy Blanco), "Praça Mauá" (Billy Blanco), "Canção da volta" (Antonio Maria e Ismael Neto), "Filha de Chico Brito" (Chico Anísio) e "Manias" (Flávio Cavalcanti e Celso Cavalcanti). Tornou-se essencialmente uma cantora de boate, tendo atuado também no exterior. Ficou conhecida como compositora de clássicos da música popular brasileira, como "Por causa de você", "Se é por falta de adeus" e "Estrada do sol", as três com Antonio Carlos Jobim, "Castigo", "A noite do meu bem", "Fim de caso", "Solidão" e "Ternura antiga", esta última com Ribamar.

GILBERTO MILFONT – João Milfont Rodrigues nasceu em Lavras da Mangabeira (CE), em 7 de novembro de 1922. Iniciou sua carreira artística no seu estado natal. Transferiu-se para o Rio de Janeiro em 1945, indo trabalhar na Mayrink Veiga. Em 1948, levado por Luís Gonzaga, fez um teste na Rádio Nacional. Estreou no programa *A canção romântica*, como convidado de Francisco Alves. Em 1949, gravou um grande sucesso: "Um falso amor" (Haroldo Lobo, Milton de Oliveira e Jorge Gonçalves). Em 1951, repetiu a dose com "Prá seu governo" (Haroldo Lobo e Milton de Oliveira). Por solicitação da gravadora Continental, gravou o "Hino a Getulio Vargas" (João de Barro). Em meados da década de 1950, deixou de cantar.

GILBERTO ALVES – Gilberto Alves Martins nasceu no Rio de Janeiro (RJ) em 15 de abril de 1915. Morreu em Jacareí (SP), em 4 de abril de 1992. Iniciou-se na música ainda garoto, participando de serestas nas ruas de Lins de Vasconcelos e Méier. Conheceu nessa época Jacó do Bandolim, Grande Otelo e Sílvio Caldas. Almirante levou-o para cantar na Rádio Clube do Brasil. Transferiu-se para a Rádio Guanabara e, depois, para a Rádio Educadora. Gravou o seu primeiro disco em 1938. Passou a atuar na Rádio Nacional em 1948. Os maiores sucessos de sua carreira foram "Pombo-correio" (Benedito Lacerda e Darci de Oliveira), "Agora é tarde" (Tito Ramos e Mário Rossi) e "Recordar é viver" (Aldacir Louro e Aluísio Martins). Aposentou-se em 1970. Passou a atuar esporadicamente em churrascarias e em programas de televisão, junto a cantores da velha guarda.

FRANCISCO CARLOS – Francisco Rodrigues Filho nasceu no Rio de Janeiro (RJ), em 5 de abril de 1928. Diplomou-se em pintura pela Escola Nacional de Belas-Artes. Gravou seu primeiro disco em 1950: a marcha carnavalesca "Meu brotinho" (Humberto Teixeira e Luís Gonzaga), de grande sucesso. Contratado pela Rádio Nacional no começo dos anos 1950, desfrutou de enorme prestígio. Participou dos filmes *Aviso aos navegantes* (1950), *Carnaval Atlântida* (1952), *Colégio de brotos* (1956) e *Esse milhão é meu* (1958). Na década de 1970, deixou a carreira musical para se dedicar exclusivamente à pintura acadêmica.

IVON CURY – Ivon José Cury nasceu em Caxambu (MG), em 5 de junho de 1928. Irmão dos locutores da Rádio Nacional Alberto e Jorge Cury, começou a cantar em 1944. Em 1947, assinou o seu primeiro contrato na Rádio Nacional, para apresentar-se como convidado nos programas de Emilinha Borba, Dalva de Oliveira, Marlene e Angela Maria. Era então muito influenciado pelo cantor Jean Sablon, daí o grande número de canções francesas que gravou: "La vie em rose", "C'est si bon" e "J'attendrais". A partir de 1952, modificou o seu estilo, passando a cantar baiões e sambas-canções. Gravou, então, entre outras, "Xóti das meninas" (Zé Dantas e Luis Gonzaga), "Farinhada" (Zé Dantas) e "Caxambu" (Zé Dantas e David Nasser). Além dos já citados, seus maiores sucessos foram "João Bobo" e "Retrato de Maria", ambas de sua autoria. Em meados dos anos 1960, abandonou a vida artística. Reapareceu em 1971 apenas para apresentar um show sobre a sua carreira. Trabalhou no cinema brasileiro em *Aviso aos navegantes* (1950), *Aí vem o barão* (1951) e *Barnabé, tu és meu* (1952). Faleceu no Rio de Janeiro (RJ), em 24 de junho de 1995.

HELENINHA COSTA – Helena Costa nasceu no Rio de Janeiro, em 18 de janeiro de 1924. Iniciou sua carreira, em 1938, em Santos, para onde a família mudara quando a cantora era menina. Transferiu-se para o Rio, em 1943, e foi cantar na Rádio Clube do Brasil. Foi *crooner* e bailarina do Cassino da Urca por volta de 1943, ano que gravou o sucesso "Exaltação à Bahia" (Chianca de Garcia e Vicente Paiva). Em 1947, após uma curta temporada na Mayrink Veiga, foi trabalhar na Rádio Nacional. Casou-se com Ismael Neto, líder do conjunto Os Cariocas. Entre seus principais sucessos estão "Afinal" (Luís Bittencourt e Ismael Neto), "Não me interessa, não!" (Luís Bittencourt e José Menezes), "Cartas de amor" (José Maria de Abreu e Luís Roldán) e "Ginga" (Sá Roris). Faleceu no Rio de Janeiro (RJ), em 11 de abril de 2005.

ALCIDES GERARDI – João Alcides Gerardi nasceu na cidade do Rio Grande (RS), em 15 de maio de 1918. Ainda criança mudou-se para o Rio de Janeiro. Em 1935, tornou-se *crooner* de orquestra de *dancing*. Em 1953, ingressou na Rádio Nacional. Seus maiores sucessos foram "Antonico" (Ismael Silva), "Castelo de areia" (Geraldo Jacques, Isaías Freitas e Moreirinha), "Brotinho maluco" (Aníbal Cruz), "E eu sem Maria" (Alcir Pires Vermelho e Dorival Caymmi) e "Tudo foi ilusão" (Laerte Santos e Arcilino Tavares). Em sua carreira, gravou mais de 200 discos em 78 rpm e 81 LPs. Morreu no Rio de Janeiro (RJ), em 3 de janeiro de 1978.

BLECAUTE - Carlos Henrique de Oliveira, o popular Blecaute, nasceu no dia 19 de novembro de 1925, em Espírito Santo do Pinhal, no interior de São Paulo. Começou a trabalhar cedo: aos 12 anos já era mensageiro de uma empresa de transportes rodoviários. Aos 15 anos, foi trabalhar numa oficina, e enquanto ajudava a consertar automóveis, cantava, divertindo os colegas. Começou a cantar em São Paulo (Rádio Difusora), onde adotou o nome de Blecaute. Em 1943, mudou-se para o Rio, passando a cantar na Nacional. Obteve enorme sucesso em 1949 com a música carnavalesca "Pedreiro Valdemar" (Wilson Batista e Roberto Martins), logo depois repetido com a música "General da banda" (Tancredo Silva, Sátiro de Melo e José Alcides), apelido com o qual passou a ser conhecido. Outros sucessos foram "Papai Adão", "Maria Candelária" e "Maria escandalosa", todas de Armando Cavalcanti e Klécius Caldas. Faleceu no Rio de Janeiro, em 9 de fevereiro de 1983.

ROBERTO PAIVA – Helim Silveira Neves nasceu no Rio de Janeiro em 8 de fevereiro de 1921. Gravou o seu primeiro disco em 1938, com as músicas "Último samba", de Laurindo de Almeida, e a valsa "Jardim de flores", de Nonô e Francisco Matoso. Teve uma carreira vitoriosa, sendo um dos cantores mais requisitados por compositores. Em 1956, gravou o LP da peça "Orfeu da Conceição", interpretando as primeiras parcerias entre Tom Jobim e Vinicius de Moraes, entre elas a primeira gravação de "Se todos fossem iguais a você".

CARMEN COSTA – Carmelita Madriaga nasceu em Trajano de Morais (RJ), em 5 de janeiro de 1920. Filha de um casal de meeiros, começou a cantar aos 9 anos na casa de uma família protestante, onde trabalhava. Em 1935 mudou-se para o Rio de Janeiro, tornando-se doméstica na casa do

cantor Francisco Alves. Em 1937, conheceu o compositor Henricão (Henrique Felipe da Costa), que lhe deu o nome artístico de Carmen Costa. Sua primeira gravação individual foi em 1942, com "Está chegando a hora", versão de Henricão da música mexicana "Cielito lindo". Casou-se com o americano Hans van Koehler e se mudou para os Estados Unidos. Gravou inúmeros sucessos, como "Cachaça não é água" (Mirabeau, Heber Lobato e Lúcio de Castro), "Quase" (Mirabeau e Jorge Gonçalves) e "Jarro da saudade" (Mirabeau, Geraldo Blota e Daniel Barbosa). Em 1962, participou do Festival de Bossa Nova do Carnegie Hall, de Nova York. Morreu no Rio de Janeiro, em 27 de abril de 2007.

ALBERTINHO FORTUNA – Nasceu no Porto (Portugal), em 28 de outubro de 1922. No Brasil, viveu sempre em Niterói (RJ), onde morreu em 1º de julho de 1995. Ingressou na Rádio Nacional em 1940. Ao lado de Paulo Tapajós e Nuno Roland, integrou o Trio Melodia, formado para o lançamento do programa *Um milhão de melodias*. Em 1947, gravou o seu primeiro e grande sucesso, a "Marcha do gafanhoto" (Frazão e Roberto Martins), com a qual foi premiado. Especializou-se, mais tarde, na gravação de tangos e boleros.

JOEL DE ALMEIDA – Nasceu em 1913 no Rio de Janeiro (RJ). Fez com o cantor Gaúcho (Francisco de Paula Brandão

Você sabia?

Que o programa *Balança Mas Não Cai* foi ao ar pela primeira vez em 1950? Que Nelson Gonçalves foi lutador de boxe? Que Wahyta Brasil foi professora de psicologia?

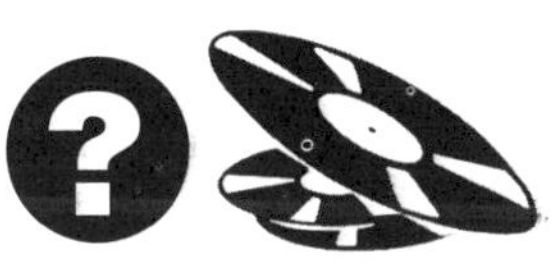

Você sabia?

Que, em outubro de 1950, o locutor César de Alencar foi eleito o mais querido artista da Nacional, suplantando astros e estrelas como Nélio Pinheiro, Celso Guimarães, Emilinha Borba, Marlene e Roberto Faissal?

Rangel) uma dupla de sucesso, principalmente na década de 1940. Quando a dupla se desfez, no começo dos anos 1950, Joel de Almeida seguiu carreira solo, marcando sua presença por elegância impecável e uso de chapéu de palhinha, com o qual tamborilava as músicas que cantava. Em 1956, gravou "Quem sabe, sabe" (Joel de Almeida e Carvalhinho). Morreu em 1993, em São Paulo (SP).

ADELAIDE CHIOZZO – Nasceu na cidade de São Paulo, em 8 de maio de 1931. Estreou no cinema (*Segura esta mulher*) em 1946, acompanhando o cantor Bob Nelson na canção "O boi Barnabé". Teve o seu apogeu artístico na década de 1950, época em que era contratada da Nacional e participava de inúmeros filmes, entre os quais *Carnaval no fogo* (1949), *Aviso aos navegantes* (1950), *É fogo na roupa* (1952) e *O petróleo é nosso* (1954). Fez sucesso cantando modinhas, músicas juninas e canções brejeiras: "Pedalando" e "Beijinho" doce são dois exemplos.

STELLINHA EGG – Stella Maria Egg nasceu em Curitiba, em 18 de julho de 1914. Começou sua carreira em Curitiba. Residiu, depois, em São Paulo e no Rio de Janeiro. Obteve sucesso cantando músicas folclóricas. Faleceu em Curitiba (17 de junho de 1991).

ELIZETH CARDOSO – Elizeth Moreira Cardoso nasceu no Rio de Janeiro, em 16 de julho de 1920. Obteve sucesso com a música "Canção de amor". Atuou no cinema, nas rádios e boates. Em 1958, lançou o LP *Canção do amor demais*, disco considerado inaugural da bossa nova, pois era todo dedicado às músicas de Tom Jobim e Vinicius de Moraes, além do acompanhamento ao violão de João Gilberto nas músicas "Chega de saudade" e "Outra vez". Em 1960, foi contratada pela Nacional. Em 1964, deu um importante recital no Teatro Municipal, de São Paulo, interpretando as "Bachianas brasileiras nº 5", de Villa-Lobos. Cantou no exterior, obtendo expressiva repercussão e sucesso no Japão. Foi, sem dúvida, uma das maiores cantoras brasileiras. Faleceu no Rio de Janeiro, no dia 7 de maio de 1990.

ZEZÉ GONZAGA – Maria José Gonzaga nasceu em Manhuaçu (MG) em 3 de setembro de 1928. Mudou-se para o Rio de Janeiro em 1945. Participou do programa *Papel Carbono*, de Renato Murce. Na Rádio Clube do Brasil conheceu Odaléia Sodré, com quem formou a dupla Moreninhas do Ritmo. Em 1949, já na Rádio Nacional, integrou o trio As Moreninhas, com Bidu Reis e Odaléia Sodré. Fez sucesso na carreira solo, cantando sambas-canções, baladas e boleros.

Zezé Gonzaga

LUÍS GONZAGA – Luis Gonzaga do Nascimento nasceu na cidade de Exu (PE), em 13 de dezembro de 1912. Morreu no Rio de Janeiro, em 2 de agosto de 1989. Cantor e compositor de músicas nordestinas, Gonzagão foi responsável por verdadeiras obras-primas, como "Asa Branca", "Açum preto", "Apologia do jumento", "Baião de dois", "Olha pro céu", "Seu Januário" e "Estrada de Canindé", entre muitas outras. A fase áurea do baião no Brasil foi dos anos 1940 aos fins dos 1950. Com a bossa nova e a jovem guarda, o baião perdeu força nos grandes centros urbanos. O baião é, hoje, esporadicamente cantado e tocado, mas permanece identificado com a figura e a voz de Luís Gonzaga.

NEUSA MARIA – Vasiliki Purchio adotou o nome artístico de Neusa Maria por sugestão de Abílio Caldas. Nascida em 1º de dezembro de 1928, destacou-se nas décadas de 1940 e 1950 como cantora de sambas, boleros e *jingles*. Foi contratada pela Nacional em meados dos anos 1940. Foram seus sucessos "Molambo", "Siga" e "Que Deus me castigue", entre outras. Foi escolhida a melhor cantora do rádio de 1957, em pesquisa realizada pela *Revista do Rádio*, quando seus discos estavam permanentemente nas paradas de sucesso.

MANEZINHO ARAÚJO – Manoel Pereira de Araújo nasceu no Cabo (PE), em 27 de setembro de 1913. Cantor, compositor, jornalista e pintor, ingressou na vida artística muito cedo, obtendo, de imediato, sucesso em virtude de sua personalidade exuberante. Compôs sambas e emboladas com Antonio Maria, Fernando Lobo, Nestor de Holanda, Marino Pinto, Hervê Cordovil e Evaldo Rui, entre outros. Abandonou a vida artística em 1954 e abriu um famoso restaurante no bairro de Copacabana, no Rio de Janeiro, chamado Cabeça Chata. Morreu em São Paulo em 23 de maio de 1993.

MARION – Penha Marion Pereira nasceu em São Paulo, em 8 de setembro de 1924. Numa viagem ao Rio de Janeiro, foi contratada para fazer apresentações nos cassinos Icaraí e Urca. Em 1944, ingressou na Rádio Nacional. Esteve durante cinco meses em Buenos Aires, atuando como vedete do Teatro Maipo. Apareceu em vários filmes da Atlântida, entre os quais *Este mundo é um pandeiro* e *Carnaval no fogo*.

VERA LÚCIA – Ermelinda Balula nasceu no dia 7 de agosto de 1930, na cidade de Vizeu, Portugal. Seu maior sucesso foi "Vai acabar nosso amor", de Haroldo Lobo e Milton de Oliveira.

DINO DINI – Intérprete de músicas italianas da Rádio Nacional. Chamava-se Oswaldo Laino. Nos primeiros anos da década de 1950, teve uma atividade constante ao microfone da PRE-8, e gravou as melodias "Guitarra romana" e "Io i la luna".

BELINHA SILVA – Nasceu no Rio de Janeiro, antigo Distrito Federal. Seu verdadeiro nome é Nair da Silva. Interpretava, de preferência, músicas folclóricas.

JUANITA CASTILHO – Clarisse Maria Luiz de Menezes Cardoso e Silva de Noronha Vasconcelos Porto, eis o nome dessa cantora que nasceu em Lisboa, Portugal. Revelou-se intérprete de melodias mexicanas quando venceu o concurso "Em busca de uma cantora mexicana", instituído por Renato Murce.

OLIVINHA CARVALHO – Nasceu no Rio de Janeiro, antigo Distrito Federal. Seu repertório era dividido entre música brasileira e portuguesa.

RISADINHA – Francisco Ferraz Neto nasceu em São Paulo, capital, no dia 18 de março de 1921. Gravou diversos sucessos carnavalescos, como "Se eu errei" (Risadinha, Humberto Carvalho e Edu Rocha) e "O doutor não gosta" (O. Lopes e A. Provenzano).

JORGE VEIGA – Nasceu no subúrbio carioca de Engenho de Dentro, em 14 de abril de 1910. Iniciou sua carreira em 1934, cantando em circos e pavilhões. Era conhecido como o caricaturista do samba, isso porque os sambas que cantava nada mais eram que caricaturas de uma época. Chegou a disputar com os ícones do telecoteco, Ciro Monteiro e Moreira da Silva. Como observou Ricardo Cravo Albin, Jorge Veiga "foi e será sempre a voz ondulante da malandragem, da ginga e do melhor espírito carioca". Jorge Veiga morreu no dia 29 de junho de 1979, no Rio de Janeiro.

CARMINHA MASCARENHAS – Carmina Alegretti Pereira nasceu em Muzambinho (MG). Começou cantando músicas sacras. Trabalhou primeiramente na Rádio Poços de Caldas. Ao mudar-se para o Rio, foi contratada pela Rádio Nacional.

ELLEN DE LIMA – Helenice Teresinha de Lima P. de Almeida nasceu em Salvador (BA), no dia 24 de março de 1938. Aos 8 anos, cantou no programa *Papel carbono*, de Renato Murce, na Rádio Nacional. Começou sua carreira em 1950, apresentando-se no *Programa César de Alencar*. Participou de diversos festivais e shows pelo Brasil e no exterior. Desde 1988 faz parte do grupo As Cantoras do Rádio.

VIOLETA CAVALCANTI – Nasceu em Manaus (AM), mas ainda criança mudou-se para o Rio de Janeiro. Fez sua estréia ao microfone em 1938, na Rádio Nacional. Depois trabalhou nas rádios Ipanema, Educadora, Tamoio e Mayrink Veiga. Em 1941, retornou à Nacional.

Você sabia?

Que o auditório da Rádio Nacional comportava 486 pessoas sentadas e cerca de 200 de pé? Que Abel Pêra foi carpinteiro de teatro antes de ser ator? Que o Trio de Ouro foi modificado 6 vezes?

Na fase áurea da nossa era do rádio, uma revista era leitura obrigatória todas as semanas: a *Revista do Rádio*. Naqueles anos dourados, os fãs buscavam na revista de Anselmo Domingos as últimas e excitantes fofocas sobre os astros e as estrelas do nosso rádio. Hoje, a *Revista do Rádio* transformou-se em fonte imprescindível da história cultural do povo brasileiro, pois, de uma forma ou de outra, documentou a evolução e o declínio (destronado pela televisão) de um poderoso veículo de comunicação de massa, o rádio, e registrou um momento significativo da formação da classe artística e da própria sociedade brasileira.

Ídolos como Marlene, Emilinha Borba, Cauby Peixoto, Francisco Alves, Orlando Silva, Dalva de Oliveira e Angela Maria, todos, por sinal, da Rádio Nacional, desfrutaram de uma popularidade maciça e apaixonada, sem comparação possível à de qualquer cantor dos nossos dias. Os fãs-clubes daqueles astros e estrelas aí estão, ainda hoje, a testemunhar que, passados tantos anos, a magia ainda não se apagou. E, pelo visto, jamais se apagará.

Sucesso especial da *Revista do Rádio* era a seção "Mexericos da Candinha", figura fictícia que, ao longo dos anos, apresentou diversas estampas: em 1958, por exemplo, o desenho que ilustrava a coluna exibia uma mulher meio gorducha e séria, que lembrava uma austera diretora de escola primária; em 1960, Candinha rejuvenesceu e perdeu peso, passando a usar óculos escuros estilo gatinho e batom nos lábios carnudos. Na verdade, quem redigia os mexericos era o próprio chefe de redação, Borelli Filho. As fofocas eram recolhidas por Max Gold, mas todos na redação contribuíam. Era uma festa. Os redatores sabiam perfeitamente que os artistas chiariam caso não fossem vítimas do doce veneno da Candinha, como se o preço do sucesso também fosse esse. E era.

As fofocas da Candinha, vistas pelo prisma atual, eram deliciosamente ingênuas, embora, por vezes, tenham criado problemas domésticos ou públicos para os envolvidos. No geral, as fofocas giravam em torno dos gostos dos ídolos, dos salários que eles recebiam, ou iam receber, dos carros que haviam comprado, ou recebido de presente ("de quem? de quem?"), da informação mais ou menos velada de que determinado radioator estava apaixonado por uma famosa radioatriz, essas coisas. Candinha sabia até onde podia ir, o limite entre o que era, ou não, permitido e aceito pelos próprios personagens dos mexericos. Em mais de vinte anos de fofocas e quejandos, Candinha – ou seja, a *Revista do Rádio* – jamais recebeu um processo pela proa.

Bem verdade que a Candinha não era tola, nem inteiramente alienada: não é que inseriu nos seus mexericos algumas notas políticas, as quais, inócuas na década de 1950, poderiam criar dificuldades no pós-64? No dia 2 de agosto de 1958, por exemplo, ela informou que o líder comunista Luís Carlos Prestes tinha muitos adeptos no rádio (*Revista do Rádio* 464). Duas semanas depois, ela não fez por menos, afirmando que Prestes vinha se reunindo com radialistas em suas casas. Candinha ainda ameaçou entregar todo mundo: "Vale a pena dizer os nomes? Olhem que eu digo..." (*Revista do Rádio* 466). Não disse. No dia 1º de abril de 1964, os locutores César de Alencar, Hamilton Frazão e Celso Teixeira dariam nomes ao que era apenas uma insinuação da Candinha, denunciando à polícia política, como subversivos e comunistas, vários colegas da Rádio Nacional. Muitos foram demitidos e presos.

Apesar de tudo, lidos hoje, os mexericos da Candinha nos fazem rir. Afinal, como não rir da informação de que "Linda Batista voltou ao seu antigo amor, embora contra a vontade de sua mamãe, a querida D. Neném" (*Revista do Rádio* 480) ou de que "Fausto Guimarães comprou um par de sapatos no valor de dois mil cruzeiros" (*Revista do Rádio* 468)?

O riso, nesse caso, é justificável, embora me ocorra de que talvez estejamos, no fundo, rindo de nós mesmos e não dos mexericos. Rindo daquilo em que acreditamos e fomos. Rindo daquilo que, talvez, gostaríamos de voltar a ser.

Coletânea dos Mexericos da Candinha

01 O novo apartamento do Ivon Cury está quase pronto. Só de decoração a coisa já anda pelos 800 mil cruzeiros. (***Revista do Rádio*** **452, 10 de maio de 1958).**

02 Quando está em casa, no calor, Emilinha quase não sai do quarto, pois instalou ali um *big* aparelho de refrigeração de ar. Custou quase 200 contos! (***Revista do Rádio*** **595, 11 de fevereiro de 1961).**

03 Jorge Veiga mais magro, mais elegante. Sabem por quê? Parou com as cervejas. (***Revista do Rádio*** **541, 30 de janeiro de 1960).**

04 Eu soube que a Nora Ney ganhou 100 mil cruzeiros numa excursão de 10 dias pelo Nordeste. Norinha, meu anjo, você acaba ficando milionária. Deus que a proteja! (***Revista do Rádio*** **245, 22 de maio de 1954).**

05 Marlene, amor, é verdade que você está gastando 150 mil cruzeiros em roupas de inverno? (***Revista do Rádio*** **399, 4 de maio de 1957).**

Candinha

mexericos da Candinha

06 Há um determinado marido de uma cantora que todo fim de semana foge para o Quitandinha... enquanto ela, coitada, viaja para outros lugares trabalhando... (***Revista do Rádio*, 6 de outubro de 1956**).

07 Carminha Mascarenhas estava chorando no telefone da rouparia da Nacional. Por que, querida? Nova briga com o Marco Túlio? (***Revista do Rádio* 484, 27 de dezembro de 1958**).

08 Ademilde Fonseca subindo, quase todos os dias, a ladeira enorme da sua rua, lá em Bonsucesso. Ou o carro do Osvaldo quebrou, ou eles brigaram mesmo... (***Revista do Rádio* 525, 10 de outubro de 1959**).

09 Amália Rodrigues e Rosária Meirelles, duas grandes cantoras. Mas também duas inimigas cordiais. (***Revista do Rádio* 323, 19 de novembro de 1955**).

10 Maysa e Angela continuam odiando-se cordialmente. (***Revista do Rádio* 484, 27 de dezembro de 1958**).

11 Coincidência ou não, pela terceira vez deparei com a minha querida amiga Ester de Abreu muito triste, como se estivesse com "dodói" no coração. Nova briga com o seu bem?... (***Revista do Rádio* 422, 12 de outubro de 1957**).

12 Ivon Cury e Célia Vilela, caladinhos, caladinhos... e completamente apaixonados. Mas, silêncio! Eles não querem que ninguém saiba! (***Revista do Rádio* 464, 2 de agosto de 1958**).

13 Descobri qual é o salário de Cauby Peixoto na Rádio Nacional. Vejam só: 10 mil cruzeiros mensais, somente! Mas o Cauby ganha 40 mil por dia em excursões! (***Revista do Rádio* 464, 2 de agosto de 1958**).

14 Num determinado apartamento de um determinado radioator o jogo está comendo solto... Até roleta tem... E os vizinhos já estão reclamando... É por ali pelas bandas do Posto 3. (**Revista do Rádio** **464, 2 de agosto de 1958**).

15 Um radioator dos mais conhecidos está apaixonado pela Élen de Lima. Depois eu conto pra vocês. (**Revista do Rádio** **480, 29 de novembro de 1958**).

16 A "asiática" pegou o nosso Ivon Cury. Mas de outro jeito. Imaginem vocês que ele estava para ganhar um dinheirão em uma porção de cidades argentinas. Mas a "asiática" bateu por lá... e o Ivon teve que voltar depressa. Enjoado, não é? (**Revista do Rádio** **422, 12 de outubro de 1957**).

17 Maysa, meu bem, trate de comer menos. Você tá gorda mesmo!... (**Revista do Rádio** **466, 16 de agosto de 1958**).

18 Linda Batista voltou ao seu antigo amor, embora contra a vontade de sua mamãe, a querida D. Neném. (**Revista do Rádio** **480, 29 de novembro de 1958**).

19 Aquele radioator e aquela radioatriz precisam tomar cuidado. O romance está muito declarado... e ele é chefe de família! (**Revista do Rádio** **466, 16 de agosto de 1958**).

20 E aquela radioatriz continua sendo cortejada pelo radioator, que é casado e bem conhecido. Acho que a história vai acabar mal... (**Revista do Rádio** **476, 1º de novembro de 1958**).

APELIDOS da Rádio

AFRÂNIO RODRIGUES
Chão de garagem

ATAULFO ALVES
Urubu Malandro

BILL FARR
Pavão

BLECAUTE
Negativo de fotografia

CORINGA, DOS QUATRO ASES, COM SEU NARIZ ACHATADO NA PONTA
Cara na vidraça

CYRO MONTEIRO
Formigão

DANTE SANTORO
Comendador da Ordem do Banho

DIRCINHA BATISTA
Boneca

DOLORES DURAN
Caxumba

EVALDO RUI
Espanador da Lua

FERNANDO LOBO
Galho Vivo

FRANCISCO ALVES
Carne Assada ou Chico Duro

GILBERTO ALVES
Palha-de-aço

GILBERTO MILFONT
Jóquei de Cabrito

HAROLDO LOBO
Clarinete

HEBER DE BOSCOLI E YARA SALES
Mistura Fina

HERIVELTO MARTINS
Garnisé

LUIS GONZAGA
Lua

MÁRIO LAGO
Lagartão

ODETE AMARAL
Empada

ORLANDO SILVA
Sovaco

SÍLVIO CALDAS
Saci ou Preto Velho

WILSON BATISTA
Virilha

ALMANAQUE
DA RÁDIO NACIONAL

4

É HORA DA NOVELA!

Amaral Gurgel

Zezé Fonseca

Isis de Oliveira

Rodolfo Mayer

É HORA DA NOVELA! PREPAREM OS LENÇOS, SENTEM-SE E... CHOREM!

(E ASSIM TUDO COMEÇOU...)

O dia 5 de junho de 1941 ficou na história do rádio brasileiro como a data mais importante do radioteatro ou, mais precisamente, da novela radiofônica. Os relógios marcavam dez e trinta da manhã quando a voz cava do locutor Aurélio Andrade, em meio aos acordes da música "La Golondrina", anunciou ao microfone da Rádio Nacional:

"Senhoras e senhores, o famoso Creme Dental Colgate apresenta ... (acordes de La Golondrina) o primeiro capítulo da empolgante novela de Leandro Blanco, em adaptação de Gilberto Martins, *Em busca da felicidade* (acordes de La Golondrina).

A partir daí, todas as segundas, quartas e sextas, chovesse ou fizesse sol, um tsunami de suspiros e emoções varria o país de norte a sul, de leste a oeste. *Em Busca da Felicidade* foi a primeira história seriada do rádio, antes dominado por pequenas cenas, geralmente amorosas, chamados de esquetes, cuja duração não ia além dos dez minutos. A novela permaneceu no ar por dois anos, sendo esticada conforme a audiência, medida em hectolitros de lágrimas, subia e as cartas dos ouvintes chegavam: só no primeiro mês foram mais de 48 mil cartas! Um recorde, mas, sobretudo, um marco, que abriu novos rumos e apontou um horizonte de negócios e oportunidades artísticas.

A história girava em torno do drama de um casal de classe alta, que tinha uma filha de criação. A menina, na verdade, era fruto de uma relação extraconjugal mantida pelo marido com a empregada que morava na casa do casal. Num determinado momento a menina descobre a verdade e decide morar com a mãe verdadeira. Na casa em que ela trabalhava como doméstica, a jovem se apaixona pelo filho do patrão, mas vê a relação ser impedida pelo desnível social existente entre os dois. Quando finalmente a menina ia se casar, o rapaz morreu num acidente de carro. E assim a trama ia se desenvolvendo, fazendo com que toda vez que um dos personagens chegasse perto da possibilidade de ser feliz algo de trágico os atingia, justificando o título: *Em busca da felicidade*.

EM BUSCA DA FELICIDADE

DIREÇÃO DA NOVELA – Vitor Costa.

AURÉLIO DE ANDRADE E MARIA HELENA – eram os locutores e narradores, que faziam a locução comercial e relembravam os acontecimentos dos capítulos anteriores da novela.

EDMO DO VALE – sonoplastia.

O ELENCO

RODOLFO MAYER – era o Dr. Alfredo Medina, proeminente engenheiro que dividia o seu coração entre Anita, sua esposa, e Carlota, sua amante.

ZEZÉ FONSECA – era Anita de Montemar, esposa de Alfredo Medina. Sofria o drama de ter de dividir com Carlota o amor de seu marido.

ISIS DE OLIVEIRA – era Alice Medina, filha de Carlota com Alfredo Medina. Foi criada por Anita como filha adotiva.

FLORIANO FAISSAL – era o Dr. Mendonça, médico de grande fama e amigo do casal Alfredo e Anita, e que tudo fazia para manter a harmonia entre os dois. Era secretamente apaixonado por Anita.

YARA SALES – era Carlota Morais, vítima de um destino cruel e caprichoso, mãe verdadeira de Alice e caso amoroso de Alfredo Medina.

AMARAL GURGEL – era Fonseca, dono de uma fábrica que deu emprego a Alice e que era pai de Carlos.

LUIZ TITO – era Carlos, filho do patrão de Carlota, por quem a jovem Alice se apaixona, mas que morre tragicamente em um acidente de carro.

LOURDES MAYER – era a Constança, esposa de Fonseca e mãe de Carlos. Procurou impedir o casamento do filho com Alice.

SAINT-CLAIR LOPES – era Benjamin Prates de Oliveira, o português que se apaixonava por Carlota e com ela se casava, mas sofreu crises de angústia ao saber que a mulher ainda amava Alfredo.

FRANCISCO MORENO – era Dr. Ferreira, advogado que tratava dos negócios da família Medina e que cuidou do divórcio entre Alfredo Medina e Anita de Montemar.

FLORA MAY – era a *Miss* Kitty, uma rica excêntrica que adorava fazer intrigas e que era espiã de uma poderosa organização criminosa internacional.

BRANDÃO FILHO – era o Mão Leve, um ladrão que roubou uma jóia de Carlota. Na prisão acaba se tornando amigo de Benjamin Prates, tornando-se protegido deste.

Também participaram da novela:
HEBER DE BOSCOLI, ALDA VERONA, SILVIO SILVA E PAULO FERRAZ.

NOVELA: A GRANDE SACADA

A decisão final de apresentar a novela *Em busca da felicidade* coube a Gilberto Andrade, na época diretor-geral da Rádio Nacional. Não foi uma decisão fácil: houve resistências e muxoxos, reclamações e silêncios carregados de fel, mas Gilberto Andrade, uma das figuras mais notáveis do rádio brasileiro, resistiu a tudo e a todos, obteve adesões importantes, incluindo do patrocinador, a Sidney Ross Company, e foi em frente. A novela, afinal, foi um estrondoso sucesso. E funcionou como um abre-alas, pois, a partir dela, outros anunciantes bateram às portas da Rádio Nacional, sequiosos por patrocinar outras "histórias de amor e sofrimento".

Foi uma verdadeira bola de neve: logo a Nacional transmitia 16 novelas semanais, afora os seriados, como *Jerônimo, o herói do sertão* e *Presídio de mulheres*. Com tantas novelas, a Rádio Nacional foi contratando atores e atrizes, na medida em que estes não podiam acumular papéis centrais em duas ou mais novelas, sob pena de confundir o público. O *cast* de radionovelas da PRE-8 chegou a possuir mais de 150 integrantes. Há quem assegure que, na década de 1950, as novelas correspondiam à metade da programação da emissora. É possível.

Qual é, afinal, o segredo de tanto sucesso? Não é fácil responder a essa pergunta, até porque, descontados cenários, contextos e detalhes, as novelas repetiam (como repetem, ainda hoje, na televisão) a mesma ladainha dicotômica da luta do bem contra o mal, ou seja, do embate entre os personagens honestos e justos e a turma das megeras e dos crápulas. Com base nesse figurino básico, as histórias iam se encaixando e evoluindo, segundo os índices de audiência que alcançavam. Os fins eram sempre previsíveis: os bons venciam, os maus eram punidos, e o mundo, finalmente, transformava-se num mar de rosas. Os ouvintes deliravam. E, o que era mais espantoso, pediam mais. E outra novela ia ao ar.

Como produto de consumo popular, talvez aí estivessem as razões exatas do sucesso das novelas: o enredo linear e claramente piegas, os personagens sem maior profundidade psicológica mas claramente demarcados, o amor puro e sincero do "galã" pela "mocinha" (que alguma personagem-víbora de tudo fazia para embananar), o vilão (que concentrava o ódio dos ouvintes), o personagem bonachão e boa praça (o amigo que todos queriam ter) e o indefectível final feliz. Alguém disse que as novelas constituem, na verdade, um gênero literário particular, com linguagem e características próprias. Isso significa que, desde suas primeiras experiências radiofônicas, temos de aceitá-las como eram, e são, e não esperar que elas se elevem aos níveis superiores e sofisticados da produção intelectual. No essencial, as novelas sempre buscaram o entretenimento por meio da emoção que produzem nos ouvintes.

Seria, no mínimo, um raciocínio equivocado julgar as novelas como um mero passatempo escapista. É certo que a atenção do ouvinte, tão intensa e crescente durante o desenrolar dos capítulos, cessa inteiramente quando elas chegam ao fim, mas isso não reduz o seu interesse pelo gênero: uma nova novela substitui a anterior – e o ciclo se renova. O sucesso das novelas como gênero literário traduz, ainda, um fenômeno social e econômico expressivo, que não pode ser ignorado. Milhões de pessoas (não só no Brasil) assistem, curtem e incorporaram as novelas à sua rotina diária. Incontáveis autores se tornaram famosos e ricos produzindo esse tipo de literatura. Atores e atrizes ganharam prestígio e dinheiro com as novelas. E desde os tempos heróicos da Rádio Nacional, as novelas constituíam, por intermédio dos patrocinadores, a grande fonte de recursos das emissoras, superando, em muito, o faturamento dos demais tipos e gêneros de programas.

Nos anos dourados da Rádio Nacional, as novelas, pela sua qualidade e por sua produção esmerada, faziam os ouvintes imaginarem situações, ambientes, aparências e rostos. A ausência de imagens obrigava os atores a ir além da convencional leitura dos textos diante dos microfones. A interpretação pela voz era o meio através do qual as emoções transbordavam e atingiam "corações e mentes" dos ouvintes. Bem verdade que cada cena era peculiar a cada ouvinte, que a enxergava pelos olhos dos seus sentimentos, a partir exclusivamente de três ordens de estímulos: o texto, as vozes dos atores e a sonofonia. A novela radiofônica, enfim, excitava a imaginação do ouvinte, liberando as suas fantasias.

O sucesso das novelas, portanto, estava – e está – justamente no que elas vieram a ser: um gênero literário com marcas exclusivas, cujas obras são descartáveis, ou seja, têm um prazo determinado de validade (o tempo de duração entre o primeiro e o último capítulos), e que falam diretamente ao imaginário do ouvinte. As novelas não existem para fazer o ouvinte pensar, daí, talvez, a sua omissão quanto aos assuntos políticos. As novelas existem para fazer o ouvinte sentir emoções ou, o que dá no mesmo, para mexer nos sentimentos das pessoas. Daí, provavelmente, o seu sucesso.

CONTRIBUIÇÃO À HISTÓRIA DAS NOVELAS NO BRASIL

Antes mesmo de inaugurar a era das novelas radiofônicas com a lacrimejante *Em busca da felicidade*, a Rádio Nacional vinha, desde sua inauguração, em 1936, levando ao ar, em meio à sua programação normal, pequenas "cenas", que os locutores da época chamavam de esquetes. O primeiro esquete apresentado pela PRE-8, *Namorado capaz de tudo...*, era da autoria de Genolino Amado, e dele tomaram parte Celso Guimarães e Amélia de Oliveira, que assim podem ser considerados os primeiros radioatores da emissora. O diálogo entre os dois atores, repleto de reticências, metáforas e juras de amor, é absolutamente inverossímil e risível, mormente o seu fim, digno de um programa humorístico. Na verdade, o esquete de Genolino Amado constitui um exemplo esclarecedor de como eram escritos os textos teatrais e radiofônicos na época. A coisa funcionava assim: quanto mais rebuscadas, aflitivas e heróicas eram as declarações de amor, mais sinceras pareciam ser as palavras do declarante. Para provar que amava sinceramente a outra, o sujeito dispunha-se a tudo, até passar por sacrifícios físicos. O texto a seguir, que é a reprodução literal do esquete *Namorado capaz de tudo...*, vale, portanto, como um documento duplamente histórico: testemunha um fato na evolução da Rádio Nacional e acentua um traço da nossa trajetória cultural.

NAMORADO CAPAZ DE TUDO...

Ele – Ah! Meu amor... Por ti, seria capaz de dar até a minha vida.

Ela – Oh! Paulo... Gostas tanto de mim, de verdade? Não estás exagerando?

Ele – Não! Não é exagero... Eu sinto que o teu amor me dá forças sobre-humanas. Sinto que sou capaz de realizar prodígios por tua causa. O que pedires, eu farei... Queres aquela estrela que está brilhando no céu? Se queres, irei buscá-la...

Ela – Não é preciso tanto, Paulo. Para que quero eu uma estrela?

Ele – Dê-me, então, qualquer oportunidade para eu provar a grandeza da minha paixão. Queres que eu vá ao fundo do mar, trazendo a mais linda pérola do oceano?

Ela – Não... Não precisa molhar a tua roupa. Prefiro que vás uma joalheria e me tragas um colar. É mais prático...

Ele – Mas eu quero arriscar a minha vida, passar por grandes perigos, resistir a muitos sacrifícios, a fim de demonstrar como é ardente o sentimento que me inspiras. Se me pedires para galgar essas montanhas inacessíveis que azulam a distância, subirei por aqueles penhascos e se rolar lá de cima, ficarei contente. Morrerei feliz, porque a morte pelo amor é melhor do que a vida.

Ela – Oh! Como és romântico!

Ele – Não é romantismo. É apenas sinceridade, devotamento do meu coração. Queres que eu desafie o mundo inteiro por tua causa? Desafiarei!

Ela – Para que, Paulo? O mundo já tem tantas preocupações, tantas trapalhadas! Não convém complicá-lo ainda mais com esses desafios. Eu não preciso de provas. Já sei que gostas muito de mim. Já tenho a certeza.

Ele – Mas eu quero demonstrar que meu amor é diferente. Não é como esses amores comuns... Amores covardes, que não sabem ter as dedicações profundas. Queres que eu corte esta mão?

Ela – Não! De maneira alguma. Quero apenas que peças a minha mão em casamento.

Ele – Bem... Bem... Essa coisa de casamento fica para depois. Não se deve estragar essas horas de poesia com essas idéias burguesas de matrimônio. Faremos dos nossos sonhos de beleza, das nossas ilusões cor-de-rosa, dos nossos ideais tão puros e tão lindos...

Ela – Mas, Paulozinho... Nem só de romantismo vive uma mulher... Falemos de coisas mais simples do nosso futuro, do ninho que iremos construir...

Ele – Está bem. Mas isso fica para mais tarde... Por enquanto deixe que minh'alma navegue nas ondas cristalinas da poesia amorosa...

Ela – Pois, então, vá navegando...

Ele – Eu quisera ser um Colombo, para te oferecer uma nova América.

Ela – É muita coisa, Paulo. Uma nova América daria muito trabalho.

Ele – E que tem isso? Por ti, não me incomodaria de enfrentar riscos tremendos, gostaria de afrontar as vagas revoltas dos mares nunca d'antes navegados. Por ti, desafiaria dragões. Atravessaria desertos maiores do que o do Saara. Lutaria com as feras selvagens das florestas. Não há obstáculos que não possa vencer por tua causa. Para quem ama de verdade, não existe impossível. Manda buscar aquela estrela... Eu irei! Manda-me combater na guerra da Espanha. Serei um herói. Pede-me para que eu seja o homem. Com a tua inspiração, venceria a minha candidatura à Presidência. Por ti, para te ver e principalmente para te ver satisfeita e confiante em meu amor, farei tudo, tudo, que é possível.

Ela – E por que então não vieste me ver ontem de noite?

Ele – Ah! Choveu...

Ela – Ah! Choveu... Foi só por isso?...

Ele – E acha pouco? Não estava disposto a apanhar um resfriado...

Ela – Ah! É assim? Tu te ofereceste para apanhar uma estrela no céu, uma pérola no fundo do mar, mas não podes apanhar um resfriado... E ainda dizes que o teu amor é ardente... Não, mentiroso! O que tens é muito sangue-frio...

"MOCINHOS E MOCINHAS"

- Isis de Oliveira e Milton Rangel
- Isis de Oliveira e Paulo Gracindo
- Isis de Oliveira e Nélio Pinheiro
- Daisy Lúcidi e Roberto Faissal
- Dulce Martins e Milton Rangel
- Dulce Martins e Domício Costa
- Daisy Lúcidi e Nélio Pinheiro
- Ismênia dos Santos e Celso Guimarães
- Ismênia dos Santos e Paulo Gracindo

Nº 25 **CR$ 4,0[illegible]**

RÁDIO-TEATRO

COM O RESUMO COMPLETO DOS EPISÓDIOS JÁ PUBLICADOS

O DIREITO DE NASCER

Quando Maria Helena do Juncal, filha do oligarca Dom Rafael do Juncal, disse ao médico a clássica frase "Doutor, não posso ter este filho que vai nascer", estava dando início a um dramalhão que iria fazer o Brasil chorar copiosamente por 260 capítulos de sofrimentos contínuos e crescentes.

O enredo de *O direito de nascer*, como tantas outras novelas da época, era um vale de lágrimas: Maria Helena do Juncal, apaixonada por um homem casado, deu o assim chamado mau passo – e ficou grávida. O pai da moça, Dom Rafael, não queria saber ou ver o neto, nem vivo nem morto. O menino era, segundo ele, "filho do pecado", e como tal devia mesmo era morrer. Só havia uma maneira de salvar a vida da criança: entregá-lo para a empregada negra da família, a mamãe Dolores, que o levou para um lugar remoto e ignorado. Os anos se passaram. Maria Helena, sofrida e desencantada da vida, recolheu-se a um convento. Dom Rafael acalmou-se, certo de que o fruto do pecado da filha estava morto. Contudo, a criança cresceu, estudou medicina e transformou-se no talentoso Dr. Alberto Limonta. Jamais soube sua verdadeira história. Eis, porém, que o velho oligarca sofre um distúrbio neurológico, perde os movimentos e fica mudo – e, internado, é atendido justamente pelo neto, que lhe salva a vida. Para complicar a coisa, Sóror Maria Helena descobre quem é, na realidade, Dr. Alberto Limonta, o qual logo se apaixona pela prima (e ela por ele), Isabel Teresa. Estavam as coisas nesse pé quando, por acaso, Dom Rafael descobre a identidade do médico que salvou sua vida – mas a doença o impede de falar e locomover-se. Moído pelo arrependimento, Dom Rafael desespera-se por dentro. A história, enfim, segue nesse diapasão de sustos e sofrimentos, até, é claro, que os enredos se desfaçam e todos passem a ser felizes para sempre.

Bem verdade que esse resumo é pobre, pois não acrescenta detalhes importantes, histórias paralelas e inúmeros personagens que povoavam a cidade de Havana, palco da trepidante história. Um resumo completo da novela, contudo, encheria laudas e laudas, como podem testemunhar os que tiveram a oportunidade de acompanhá-la pelas ondas da Rádio Nacional. *O direito de nascer* estreou na noite de 8 de janeiro de 1951, uma quarta-feira, permanecendo no ar até setembro do ano seguinte. Patrocinada pelos produtos Colgate-Palmolive, a novela era da autoria do cubano Félix Caignet, com tradução de Eurico Silva, que não economizou imaginação na sua feitura.

O certo é que a novela atingiu índices de audiência da ordem de 73%, o que é, ainda hoje, uma marca espantosa. A seu modo, *O direito de nascer* discutiu, ou pôs em evidência, inúmeras questões que, ainda hoje, aí estão a nos desafiar, como o racismo, o preconceito, a liberdade individual, a resistência aos poderosos, a gratidão, a solidariedade e o amor. *O direito de nascer* fez a cabeça dos milhões de brasileiros que às segundas, quartas e sextas, sempre às 20 horas, sentavam-se em torno do aparelho de rádio e vertiam torrentes de lágrimas, fazendo, sem consciência disso, o difícil aprendizado sobre a vida e a natureza humana.

O ELENCO

ALBERTO LIMONTA – Paulo Gracindo
MAMÃE DOLORES – Yara Salles
DOM RAFAEL DE JUNCAL – Saint-Clair Lopes (substituído depois por Castro Viana)
MARIA HELENA – Isis de Oliveira
ALFREDO – Paulo César
ISABEL CRISTINA – Dulce Martins

DOM MARIANO – Mário Lago
DONA ASSUNÇÃO – Diamantina Bandeira
ROSÁRIA – Tina Vita
DORINHA – Amélia de Oliveira
RICARDO – Álvaro Aguiar
CONCEIÇÃO – Abigail Maia
JORGE LUÍS – Roberto Faissal
MARIA TERESA – Olga Nobre
MARCELINA – Graziela Ramalho
CONDESSA – Alda Verona
NATÁLIA – Teresinha Nascimento
PEPE – Floriano Faissal
JULINHA – Simone de Moraes
OSVALDO – Domício Costa
GRAZIELA – Talita de Miranda

Os narradores foram
Nélio Pinheiro e Mário Lago.

OS AUTORES

AMARAL GURGEL – São de sua autoria as novelas *Alvorada*, *Enquanto não escureça o sol*, *Três vidas*, entre outros. Trabalhou também como radioator.

CARLOS MEDINA – Autor de novelas de sucesso, como *A última página* e *As estrelas brilharam*.

CÍCERO ACAIABA – São suas as novelas *Adeus para sempre* e *Rodrigo*.

DIAS GOMES – Autor de novelas e peças teatrais de sucesso. Escreveu, posteriormente, para a televisão, sempre com muito êxito.

EURICO SILVA – Além de autor de novelas (*Amanhã seremos nós*), foi o competente adaptador das mais conhecidas operetas de todo o mundo.

GIUSEPPE GHIARONI – Produziu, com muito sucesso, a radiofonização da vida de Jesus Cristo. Escreveu, entre outras novelas, *A canção do vagabundo*.

GILDA DE ABREU – Casada com o cantor Vicente Celestino. Autora da novela *Mestiça*.

HÉLIO DO SOVERAL – Autor de novelas e seriados, como o *Teatro de Mistério*.

HAROLDO BARBOSA – Produtor, compositor, narrador e discotecário, ainda encontrou tempo para escrever novelas, como *O diário de Jeanine* e *Suspeita*.

JANETE CLAIR – Ao se transferir para a televisão, soube criar uma linguagem própria para as novelas da telinha.

JOSÉ FERREIRA CARRATO – Autor de novelas religiosas, como *São Francisco de Assis, Padre Anchieta e Jesus* e *Santa Terezinha do Menino*.

LÍGIA SARMENTO – Autora da novela *O grande pecado*.

MÁRIO FACCINE – Escreveu, entre muitas outras, a novela *Escada partida*.

MÁRIO LAGO – Além de novelas, produziu e escreveu episódios da série *Presídio de mulheres*.

MOISÉS WELTMAN – Autor de novelas e do seriado *Jerônimo, o herói do sertão*.

ODUVALDO VIANA – Escreveu um impressionante número de novelas. Foi autor da primeira novela de autor brasileiro apresentada pela Rádio Nacional, Intitulada *Fatalidade*.

SÍLVIA AUTUORI – Escreveu, entre outras, a novela *As tranças da Madalena*.

A VIDA DE NOSSO SENHOR JESUS CRISTO

Em 27 de março de 1959, a Rádio Nacional levou ao ar, pela primeira vez, a radiofonização da vida de Jesus Cristo. A partir daí, todos os anos, durante a Semana Santa, o programa era reproduzido, tornando-se assim fato marcante da história da emissora. Escrita por Giuseppe Ghiaroni, *A vida de Nosso Senhor Jesus Cristo* reunia aproximadamente uma centena de astros e estrelas da emissora, um elenco notável para os padrões daquele tempo. A peça tinha ainda a narração de César Ladeira e a locução de Aurélio Andrade e Reinaldo Costa.

O ELENCO

MARIA – Amélia de Oliveira e Amélia Ferreira
JOSÉ – Hemílcio Froes
JESUS MENINO – Luiz Manoel
JESUS ADULTO – Roberto Faissal
DEUS – Floriano Faissal
HERODES – Mário Lago
JOÃO BATISTA – Celso Guimarães
JOÃO EVANGELISTA – Celso Guimarães
PEDRO – Castro Viana
ANDRÉ – Domingos Martins
FELIPE – Darcy Pedrosa
ANJO – Walter Alves
SATANÁS – Rodolfo Mayer
CAIFAZ – Castro Gonzaga
JUDAS – Domício Costa
CENTURIÃO – Milton Rangel
MÃE DE LÁZARO – Lúcia Delor
MARTA – Simone de Moraes
ANA – Neusa Tavares
CHEFE DA GUARDA – José Américo
SAMARITANA – Olga Nobre
PILATOS – Saint-Clair Lopes
ESPOSA DE PILATOS – Zezé Fonseca
MADALENA – Isis de Oliveira
ANAZ – Alfredo Viviani
SIMÃO SIRINEU – João Fernandes
MALCON – Orlando Mello

NOS DEMAIS PAPÉIS – Norma Geraldi, Tina Vita, Álvaro Aguiar, Renato Murce, Milton da Mata, Samir de Montemor, Gerdal dos Santos, Edmundo Maia, Rodney Gomes, Cícero Acaiaba, Cauê Filho, Jonas Garret, José de Arimatéia, Arthur Costa Filho, Navarro de Andrade, Neida Rodrigues, Haidée Fernandes, Lizete Barros, Terezinha Nascimento, Carmen Lídia, Maria Alice, Geraldo Luz, Bruno Neto, Teixeira Filho, Mafra Filho, Mendes Neto, Silva Ferreira, Rodrigo Sales, Dinarte Armando, Antonio Laio, Carlos Marques, Fernando Maia, Geraldo Avelar, Manoel Brandão, Waldir Fiori, Roque da Cunha, Paulo Ferreira, Wolney Camargo, Dantas Ruas, João Ruas e João Zaccharias.

SONOPLASTIA – Lourival Faissal, Gurgel de Castro e Manoel Coutinho.

CONTRA-REGRAS – Jorge de Oliveira, Isaias Silva, Geraldo Cruz e Jorge Moreira.

OPERADORES DE SOM – José Marques e Francisco Onofre.

"O DIREITO DE MATAR"
de AMARAL GURGEL
A mais emocionante novela brasileira que o rádio apresenta no momento.
oferta do
OLEO DE PEROBA

Dulce Martins

Zezé Fonseca

AS GRANDES ATRIZES

Daisy Lucidi – Nasceu no dia 10 de agosto de 1929, na cidade do Rio de Janeiro. Radioatriz das mais requisitadas nas novelas da Rádio Nacional costumava fazer par romântico com o ator Roberto Faissal. Permanece, ainda hoje, na ativa, apresentando um programa de entrevistas e reportagens na Rádio Nacional.

Dulce Martins – Irmã de dois radioatores também talentosos – Deusa e Domingos Martins –, Dulce iniciou a sua carreira em 1942. Na Rádio Nacional, era escalada sempre para fazer papéis de adolescentes. Consolidou, contudo, a sua carreira em *O direito de nascer*, ao fazer o papel de Isabel Cristina. No seriado *Jerônimo, o herói do sertão*, desempenhou o papel de Aninha, noiva do "mocinho".

Isis de Oliveira – Seu nome verdadeiro é Ivete Savelli. Nasceu em Niterói, no dia 18 de março de 1922. Foi num programa de calouros, na Rádio Nacional, chamado *Raio-K em busca de talentos* que começou a sua carreira. Ela e Altivo Diniz fizeram uma prova para radioteatro e foram os vencedores. Sempre com muito talento, tomou parte em quase todos os horários de novelas e peças de radioteatro da Rádio Nacional. Acumulou, entre 1941 e 1944, a função de secretária de Victor Costa, diretor-geral da emissora. Foi casada com o locutor Jairo Argileu. Isis e Jairo foram demitidos, em 1964, após serem denunciados como subversivos.

Ismênia dos Santos – Nasceu no dia 19 de março de 1910 e faleceu no dia 28 de agosto de 1963. Deixou de trabalhar na novela *Em busca da felicidade* porque temia que o horário de apresentação, 10h30 da manhã, levasse o seriado ao fracasso.

Durante anos apresentou, com Floriano Faissal, o quadro humorístico "Neguinho e Juraci". Foi uma atriz de grande sucesso nas novelas da PRE-8.

Ítala Ferreira – Ildnara Salvado. Nasceu na Bahia. Entrou para o teatro pelas mãos de Darci Cazarré. Além das novelas e programas diversos da Rádio Nacional, trabalhou bastante no cinema, tendo feito, entre outros, os seguintes filmes: *Favela dos meus amores*, de Humberto Mauro (1935), *O samba da vida*, de Luiz de Barros (1937), *Tristezas não pagam dívidas*, de José Carlos Burle & Rui Costa (1942) e *Genival é de morte*, de Aloísio Carvalho (1956).

Letícia Flora – Letícia Melo de Vasconcelos começou no teatro, na companhia de Paschoal Segreto. Percorreu o Brasil, encenando peças e adquirindo enorme prática na arte de representar. Em 1941, ingressou na Rádio Nacional. Letícia Flora é atriz característica, quase sempre interpretando a "mulher má" das novelas.

Olga Nobre – Olga Alacid Parasoli nasceu no dia 29 de outubro de 1916, na cidade de Manaus, AM. Estreou no rádio aos 13 anos de idade. Locutora, atriz e narradora. Trabalhou no cinema, tendo estrelado os filmes *Tererê não resolve*, de Luís de Barros (1937), e *Futebol em família*, de Rui Costa (1939). Já no fim da sua carreira, em 1970, trabalhou no filme *Os herdeiros*, de Cacá Diegues.

Simone de Moraes – Risoleta de Moraes nasceu no dia 13 de dezembro de 1923. Antes de aderir ao radioteatro, foi cantora e locutora. Em meados da década de 1950, migrou para a televisão.

Talita de Miranda – Passou a infância no circo. Começou no rádio na cidade de Petrópolis. Participou de um concurso para radioatrizes na Rádio Jornal do Brasil e tirou o primeiro lugar. Foi para a Nacional por convite de Floriano Faissal. Especializou-se no papel de mulheres tipo "vamp" ou cruéis.

Tina Vita – Atriz muito requisitada nas novelas da Rádio Nacional. Fez o papel de Maria Homem, uma mulher valente e decidida, que lutou contra os assassinos do marido. Maria Homem era a mãe do herói Jerônimo.

Yara Sales – Casada com o apresentador Heber de Boscoli. Formou com o marido e o compositor Lamartine Babo o famoso "Trio de Osso", nome que era uma espécie de homenagem à magreza dos três. Desempenhou o papel de Mamãe Dolores na famosa novela *O direito de nascer*. Fez com o marido o programa *A felicidade bate à sua porta*. Ela comandava o programa do auditório, enquanto o marido visitava a casa do ouvinte sorteado. Trabalhou no cinema e na televisão.

Zezé Fonseca – Estreou em rádio como cantora. Foi depois locutora e mais tarde radioatriz onde se firmou como uma de nossas maiores artistas, depois de também já ter se firmado como um de nossos talentos em teatro. Seu nome real é Maria José Gonzalez. Nasceu no Rio de Janeiro, antigo Distrito Federal.

Você sabia?

Que, na definição do jornalista Mário Filho, o embate entre as cantoras Marlene e Emilinha Borba podia ser comparado ao "Fla x Flu dos que não gostavam de futebol"?

OS INESQUECÍVEIS HERÓIS DA RÁDIO NACIONAL

Se, como disse Brecht, é infeliz o país que precisa de heróis, mais triste ainda é aquele que os devora ou os esquece. A Rádio Nacional foi pródiga na criação de heróis, mas heróis de verdade, daqueles que lutavam ao lado da justiça, daqueles que lutavam pelo "bem contra o mal", como dizia a modinha dedicada ao mais famoso deles.

Não sei se naquele tempo éramos felizes – mas, com certeza, ao contrário do que pensava Brecht, nós amávamos os nossos heróis. Mais: nós precisávamos deles.

AS AVENTURAS DO ANJO

Patrocinada pela The Sidney Ross Company, a série *As aventuras do Anjo* ia ao ar de segunda à sexta-feira, sempre às 18h25. O Anjo era um milionário bem -sucedido e aventureiro, estilo Jonathan Hart (sem a Jennifer, o Max e a cachorrinha Freeway), que combatia o crime com a ajuda de três amigos, inicialmente chamados Campeão, Metralha e Gorila.

As aventuras do Anjo tinham como cenário um Brasil que vivia ainda a transição do rural para o urbano, onde o crime não era inteiramente organizado nem globalizado e os criminosos agiam praticamente sozinhos ou em pequenos bandos, como nos mostra, por exemplo, o filme *O assalto ao trem pagador*. O grupo de "mocinhos" liderado pelo Anjo enfrentava uma fauna muito peculiar: contrabandistas, falsários, assaltantes de bancos, empresários golpistas e, por incrível que pareça, sonegadores de impostos. De qualquer modo, o germe dos conflitos com armas pesadas (comuns, hoje, nos morros cariocas) já se insinuava na série, pois o Metralha (daí o apelido) usava nos embates com os bandidos uma metralhadora, que ele carinhosamente chamava de Adelaide. "Vamos, Adelaide! Vamos acabar com esses bandidos, Adelaide!"

O seriado foi bolado e produzido pelo radioator Álvaro Aguiar, galã destacado da PRE-8, que interpretou o Anjo durante os 17 anos em que as aventuras foram apresentadas.

Enquanto durou, a série teve apenas um roteirista, Péricles do Amaral, que, seguindo à risca o perfil de tantos outros justiceiros, condenou o sofisticado Anjo a se preocupar apenas com a justiça e os bons costumes: ele nunca teve uma namorada. Em compensação, e por motivos jamais esclarecidos, Péricles, no meio da série, aposentou Campeão e Gorila, pondo em seu lugar o Faísca e o Jarbas, permanecendo no grupo apenas o Metralha e sua arma, agora chamada Matilda.

As aventuras do Anjo faziam tanto sucesso que, em 1959, passaram a ser publicadas em quadrinhos, desenhados por Flávio Colin, brilhante quadrinista brasileiro. Outro sucesso, enquanto durou.

AS AVENTURAS DO SOMBRA

O Sombra era um herói diretamente importado dos Estados Unidos, onde sua popularidade somente era comparável à do Superman.

Como sugere o próprio nome, o Sombra era um sujeito misterioso, estranho e sombrio: usava uma enorme capa preta, forrada de vermelho e um chapéu de abas caídas, que ocultava parte do seu rosto, no melhor estilo *noir*. Como o Mandrake, tinha poderes hipnóticos, que usava para se tornar invisível aos olhos dos inimigos.

O *alter ego* do Sombra era Lamont Craston, que, com a bela e meiga Margot Lane, passava o dia a desafiar a morte em nome do bem público e da lei. Em 1937, na CBS, o primeiro Sombra foi personificado por Orson Welles, então com apenas 22 anos. Margot Lane foi interpretada por Agnes Moorehead, que, tempos depois, na TV, faria o papel de Endora, mãe da Samantha, a Feiticeira.

Em tudo semelhante ao personagem americano, o Sombra brasileiro foi produzido no Brasil com excelente qualidade técnica e artística. A sonoplastia era do balacobaco, repleta de efeitos espetaculares e emocionantes. Era levado ao ar pela Rádio Nacional às 22h05 das terças-feiras e tinha o patrocínio das lâminas de barbear Gilette Azul. Na verdade, era um seriado dirigido quase exclusivamente ao público adulto, pois a garotada corria da sala ao ouvir a voz cavernosa e sinistra do Sombra quando dizia: "Quem sabe o mal que se esconde nos corações humanos? O Sombra sabe!..."(gargalhada apavorante).

O Sombra foi personificado, no Brasil, pelo radioator Saint-Clair Lopes, um ícone não apenas da Nacional como do rádio brasileiro, em que fez de tudo. Foi ator, diretor, redator, programador, discotecário, locutor, escreveu livros, fez palestras sobre radiodifusão e comunicação. Só na Rádio Nacional ele permaneceu por 33 anos.

De qualquer modo, o personagem Sombra tornou-se uma espécie de marca, que acompanhou Saint-Clair Lopes pela vida.

Um dia, por volta de 1952 ou 1953, meu pai levou-me à Rádio Nacional e me fez apertar a mão do ator, de quem era amigo. Ao vê-lo sorrir e conversar animadamente com o pai, fiquei decepcionado. Não, aquele sujeito que falava sobre as últimas façanhas do time do Flamengo, que ria dos comentários do pai, que não usava chapéu desabado no rosto, que não vestia a misteriosa capa preta – não, não, aquele sujeito não podia ser o Sombra. Eu estava decepcionado. Súbito, porém, Lopes calou-se, olhou muito sério para mim e grunhiu: "Quem sabe o mal que se esconde nos corações do homem?... O Sombra sabe!..." – e deu a sinistra e inconfundível gargalhada que tanto pânico me causava. Com o coração aos pulos, mas fascinado, me escondi atrás do pai, mas agora, finalmente, eu não tinha mais dúvidas. Aquele homem, mesmo sem a capa e o chapéu, que conversava com o pai, era mesmo o Sombra. Só podia mesmo ser o Sombra. Afinal, quem mais seria capaz de perceber minha descrença? Quem mais seria capaz de ler meus pensamentos? Como fazia com todos que ousavam duvidar das suas artimanhas, o Sombra havia me dado uma lição inesquecível.

Você sabia?

Que o *jingle* comercial da Phimatosan foi composto por Lourival Marques, que retirou a melodia de uma valsa européia do século XIX? Que Apolo Correa foi funcionário da E. F. Great Western?

Você sabia?

Que, segundo norma da Rádio Nacional, o vocábulo "amante" não podia aparecer no texto de uma novela? Que Artur Costa Filho antes de ser radioator era técnico do Cruzeiro?

JERÔNIMO O HERÓI do SERTÃO

DA NOVELA DE MOYSÉS WELTMAN

O mais famoso dos heróis da Rádio Nacional era, sem dúvida, Jerônimo, um caubói que lutava pelos fracos e oprimidos nos sertões brasileiros.

Jerônimo era filho de Maria Homem (interpretada por Tina Vita), uma mulher de pulso forte, que lhe ensinou a diferença entre o bem e o mal. O marido de Maria Homem, pai de Jerônimo, era um honesto estancieiro, cujas terras foram invadidas e tomadas por um latifundiário ganancioso e sem escrúpulos, o coronel Saturnino Bragança. O conflito transformou-se numa guerra, e o pai de Jerônimo acabou sendo covardemente assassinado.

A mulher não se abateu e acabou assumindo corajosamente a luta do marido, ganhando então o apelido de Maria Homem. Um esclarecimento: o apelido não era uma velada e maldosa insinuação a respeito da feminilidade da mãe do nosso herói. Éramos, na época, uma sociedade predominante machista – e gente valente só podia mesmo ser homem, mesmo que fosse uma mulher. Mulher, digo, na acepção ortodoxa da palavra, entenderam?

O idealizador e redator de *Jerônimo, o herói do sertão* chamava-se Moisés Weltman, um carioca nascido em 1932 que, desde jovem, se dedicou a escrever nove-

las e programas para o rádio. Em 1953, em face do sucesso da novela *A dama de negro*, apresentada pela Rádio Nacional, Weltman recebeu o Prêmio Revelação do Ano, o que lhe deu a oportunidade de mostrar o projeto a um possível patrocinador – The Sidney Ross Company, que já patrocinava *As aventuras do Anjo*. A proposta foi logo aceita, de criação de um herói brasileiro.

Bem verdade que Jerônimo era uma adaptação dos faroestes americanos, mas isso só melhorou o seu ibope junto ao público jovem, que curtia, na época, os filmes de John Wayne e Audie Murphy.

De início, o herói imaginado por Moisés Weltman seria gaúcho – O Cavaleiro dos Pampas – e teria o nome de Bento Faria. Com medo de que o programa ficasse muito regionalizado, Weltman preferiu situar o espaço de ação do herói mais para o norte, tomando cuidado, é claro, para que ele não se transformasse num cangaceiro defensor da lei e da ordem.

Quem escolheu o nome que consagraria o nosso herói foi o próprio Weltman, após examinar uma lista com mais de trinta opções.

O nome Jerônimo, sem dúvida, foi um achado: era másculo, mas não era vulgar, e evocava o líder apache que, durante anos, infernizou a Cavalaria do Exército dos Estados Unidos, infringindo-lhe seguidas e humilhantes derrotas. Felizmente o nome Bento Faria – que evocaria, sem dúvida, o vampiro brasileiro, Bento Carneiro, personagem do Chico Anísio – acabou não prevalecendo.

As aventuras de Jerônimo, vivido na Rádio Nacional pelo radioator Milton Rangel, eletrizavam a garotada, sua principal audiência. Sempre acompanhado do Moleque Saci (interpretado pelo radioator Cauê Filho) e por sua eterna noiva Aninha (a radioatriz Dulce Martins), o nosso herói tinha alguns inimigos de carteirinha, como o Caveira, um criminoso especializado na arte do disfarce, e

o Cobra, um sujeito de maus bofes, assassino confesso e assaltante de bancos.

As peripécias de Jerônimo, que varava o sertão montado no seu cavalo Príncipe (em tempo: o cavalo do Moleque Saci chamava-se Goiabada), se passavam sempre em cidades fictícias de nomes sugestivos: Serro Bravo, Águas Claras, Paulópolis, Morro Queimado, Ribeira Alta e Mata Virgem.

Jerônimo permaneceu no ar por exatos 14 anos e trocou socos e tiros com seus algozes ao longo de 3.276 capítulos! *Jerônimo, o herói dos sertões* ia ao ar às 18h35, de segunda a sexta-feira, logo após *As aventuras do Anjo*, "num oferecimento de Melhoral, contra dores e resfriados".

E por falar no Anjo: tal como o detetive milionário, Jerônimo também ganhou a sua revista em quadrinhos. O número 1 de *Jerônimo, o herói do sertão* chegou às bancas em julho de 1957 e o sucesso foi tão espetacular que, em menos de 48 horas, a Rio Gráfica Editora teve de por na rua uma segunda edição da revista, com o dobro de exemplares.

Edmundo Rodrigues, um dos traços mais geniais do quadrinismo brasileiro, desenhou o seriado durante cinco anos ininterruptos, ou seja, 62 revistas (uma por mês), cinco almanaques, dois exemplares das *Peripécias do moleque Saci* e dois outros com *As aventuras de Aninha*.

A bibliografia de Jerônimo, contudo, não parou por aí: na década de 1960, na Tupi, e nos anos 1980, na SBT, o seriado chegou finalmente à televisão, mas a audiência estava longe da do rádio. O filme *Jerônimo*, de David Rangel, lançado em 1994, foi um fracasso

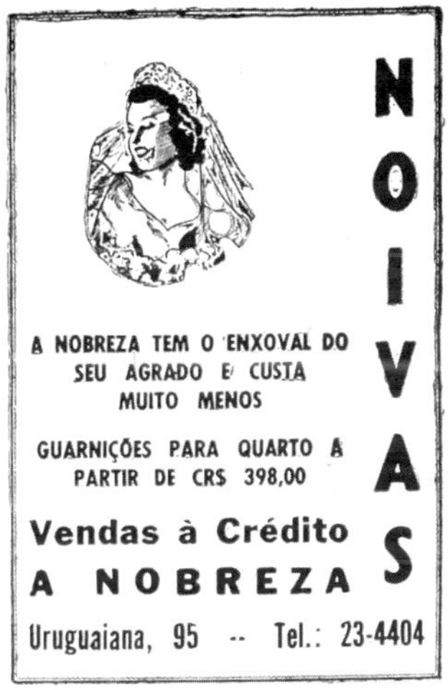

Você sabia?

Que a primeira edição da *Revista do Rádio* saiu em fevereiro de 1948, custava 3 cruzeiros, tinha quarenta páginas e trazia Carmem Miranda na capa? Que, antes de cantar, Jorge Veiga ganhava a vida pintando parede?

Você sabia?

Que a cantora Linda Batista manteve o título de Rainha do Rádio por 11 anos, de 1937 a 1947? Que o apelido Sapoti foi dado à cantora Ângela Maria pelo presidente Getúlio Vargas?

Ouça...

e recomende
aos seus amigos

A mais vibrante série de histórias do rádio brasileiro

Jerônimo

O HERÓI DO SERTÃO

Um oferecimento de **Melhoral**

CONTRA DORES E RESFRIADOS

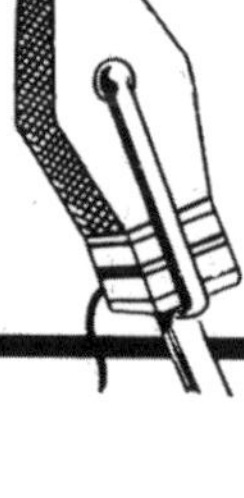

RÁDIO NACIONAL (Rio) de 2.ª a 6.ª feira, às 18,35

RÁDIO JORNAL DO COMÉRCIO (Recife) 2.as, 4.as e 6.as, às 19,00

de público e de crítica. A verdade é que a magia do nosso herói estava no rádio e nos quadrinhos. A televisão e o cinema não eram o seu terreno.

Todas as revistas em quadrinhos de Jerônimo, incluindo os almanaques, são, hoje, raridades disputadas a ferro e fogo por colecionadores e saudosistas. O mesmo acontece com o LP *Jerônimo, o herói do sertão*, selo Columbia Discos, no qual se pode ouvir a bela toada de Getúlio Macedo e Lourival Faissal, que todos sabíamos – vá lá, ainda sabemos – cantar:

Quem passar pelo sertão
Vai ouvir alguém falar
No herói desta canção
Que eu venho aqui cantar
Se é pro bem vai encontrar
Um Jerônimo protetor
Se é pro mal vai enfrentar
Um Jerônimo lutador.

O INSPETOR MARQUES

O herói do *Teatro de Mistério* era o Inspetor Marques, interpretado por Rodolfo Mayer, do Departamento de Polícia Judiciária, unidade que não existia nem na polícia nem no judiciário quando o seriado foi lançado. O Inspetor Marques tinha um auxiliar, o Detetive Zito, vivido por Gerdal dos Santos.

O *Teatro de Mistério* era escrito por Hélio do Soveral e dirigido ainda por Rodolfo Mayer. Segundo o autor, o Departamento de Polícia Judiciária tinha sido criado para corrigir os erros dos inquéritos policiais.

As histórias continham sempre muitos mistérios (daí o nome), nitidamente influenciadas pelos policiais norte-americanos, na linha de Dashiell Hammett e Raymond Chandler. Mas o Inspetor Mário Marques não era um personagem fácil de catalogar. Ele não usava a dedução rebuscada de um Sherlock Holmes, nem a psicologia infalível de um Hércule Poirot, nem o refinamento esnobe de um Philo Vance, nem a burocracia estreita de um Comissário Maigret. Inspetor Marques usava um pouco de cada coisa, daí o seu encanto e a sua genialidade.

As histórias do Inspetor Marques e do seu fiel escudeiro, o Detetive Zito, foram documentadas em livros de bolso, publicados, no início dos anos 1960, pela Editora Vecchi.

Quando Rodolfo Mayer e Gerdal dos Santos foram demitidos da Rádio Nacional por força do Ato Institucional nº 1, Hélio do Soveral não manteve os nomes dos personagens dos atores punidos. Era uma forma de protestar contra a violência que havia sido cometida contra os colegas.

O CAVALEIRO DA NOITE

Era um herói importado, tipo Zorro. O intérprete era Roberto Faissal, galã de muito sucesso na Rádio Nacional. A namorada do Cavaleiro da Noite era interpretada pela grande atriz Isis de Oliveira. O Cavaleiro da Noite lutava contra os poderosos, que teimavam em explorar os pobres. O programa ia ao ar às 18 horas. Depois dele, vinha o Anjo e, em seguida, Jerônimo. Todos eram patrocinados pela Sidney Ross Company.

Você sabia?

Que no final dos anos 1950, Cauby Peixoto excursionou pelos Estados Unidos, usando o nome de Ron Coby, e gravou "Maracangalha", de Caymmi, com o título "I go"?

UM DRAMA A CADA AUDIÇÃO DE *A FELICIDADE BATE À SUA PORTA*

O programa *A felicidade bate à sua porta* dividia-se em duas partes. Uma parte, apresentada por Yara Salles, transcorria no auditório. A outra metade, apresentada por Heber de Boscoli, ocorria na rua, defronte a uma casa, cujo número e rua eram sorteados durante o programa.

Os moradores da casa teriam o direito a receber 2 mil cruzeiros caso possuíssem a pasta, a cera e o sabão Cristal (500 cruzeiros para cada um dos primeiros produtos e mil, para o terceiro). De quebra, veriam um show estrelado por Emilinha Borba.

A partir do momento em que o carro de reportagem da Rádio Nacional partia em direção à rua sorteada, os moradores locais eram dominados pelo êxtase.

Chegando ao seu destino, o carro, com Heber de Boscoli, o regional de Dante Santoro e os cantores, mal podia se movimentar. Pessoas de todas as idades e sexos formavam um agrupamento tão numeroso e compacto que, só ao cabo de muita energia e esforço, se conseguia realizar o show e, não menos importante, garantir a integridade dos artistas, fustigados pelos fãs.

Em todos os bairros do Rio de Janeiro e da região da Baixada Fluminense, o espetáculo sempre se repetia. A rigor, ninguém podia, razoavelmente, conter a explosão de entusiasmo da multidão que cercava a caravana disposta a tocar, falar, beijar, abraçar ou, simplesmente, gritar o nome do seu astro preferido.

A presença de Emilinha Borba, a atração máxima do programa, potencializava a emoção dos presentes. Como disse, certa vez, Heber de Boscoli, "Emilinha era como o rastilho que vinha incendiar a pólvora escondida nos corações dos ouvintes".

No início dos anos 1950, um programa em especial ficou na memória de todos, sendo registrado até na *Revista da Rádio Nacional*. Os fatos se deram no bairro carioca do Méier, subúrbio da Central do Brasil.

O carro de reportagem da Rádio Nacional (um furgão enorme, preto), com Heber, cantores convidados (Heleninha Costa, Blecaute, Bill Farr) e os músicos do *Regional de Dante Santoro*, já se encontrava estacionado na esquina da rua Coração de Maria, esquina com Arquias Cordeiro, quando, numa limusine, chegaram Emilinha Borba e Edmundo de Souza, assistente da direção artística do programa.

A limusine, um escândalo naquela ruazinha suburbana, avançava silenciosamente, luzes apagadas, supondo que seria ignorada pela multidão. De repente, o grito: "Olha a Emilinha aí, gente!" O carrão foi cercado, gritos, lágrimas, surgem os cadernos e os pedidos de autógrafo. "E-mi-li-nha! E-mi-li-nha! E-mi-li-nha!"

Dentro do carro, sorridente mas assustada, Emilinha assinava um caderno. E outro. E outro. E outro. Mas a limusine precisava avançar – e segue, abrindo caminho em meio à massa humana alvoroçada, que gritava o nome da cantora. "E-mi-li-nha! E-mi-li-nha! E-mi-li-nha!"

Heber de Boscoli, trepado no carro de reportagem, estava molhado de suor, embora a temperatura estivesse amena. Lutava contra todas as dificuldades: gente que o chamava, pedindo um autógrafo ou um simples aceno, gente que o puxava pelos braços, gente que se dependurava no carro.

Quando, finalmente, chegaram à casa sorteada, os moradores já os esperavam felizes. A casa foi, então, tomada por uma avalanche de fãs. Situada na parte mais elevada da rua, a casa permitia bom desempenho da irradiação. Indiferente a isso, o povo galgava as escadas de pedras, escalava os muros (um deles, por sinal, desabou), entrava pelos fundos e, na varandinha da frente, o vidro da mesa e o vaso de flores foram destruídos. "E-mi-li-nha! E-mi-li-nha! E-mi-li-nha!"

Heber, microfone na mão, fazendo mágicas para se equilibrar no parapeito da varanda, elogiava a cantora e informava que dentro de minutos ela cantaria "para todos vocês, meus queridos ouvintes!". Gritos, aplausos. Quando Emilinha, protegida por seguranças, se aproximava, uma fã (de uns vinte e poucos anos) conseguiu abraçar a cantora e, num impulso, pôs-se a beijar o seu rosto, pescoço, ombros, boca. Uma cena delirante!

Os seguranças pularam sobre a moça e a arrastaram, enquanto Emilinha, um tanto amarfanhada, pôs-se a cantar: "Assim se passaram dez anos..." Ela ainda cantaria "Escandalosa" e "Chiquita bacana", arrancando uivos da platéia. "E-mi-li-nha! E-mi-li-nha! E-mi-li-nha!"

A retirada não foi uma operação simples, mas tudo correu bem. No carro, Heber de Boscoli relaxava, Emilinha contava histórias, mas o motorista, um sujeito gordo e alto que servia há anos o locutor, reconheceu: "Um drama, não é, D. Emilinha? Fazer esse programa é sempre um drama, não é?" Emilinha: "Um drama, mas vale a pena..." Ao seu lado, olhos fechados, cansado mas satisfeito, Heber de Boscoli apenas sorriu.

A felicidade bate à sua porta ia ao ar, sob o patrocínio da pasta, cera e sabão Cristal, aos domingos, às 19 horas, entre dois programas humorísticos: *Tabuleiro da baiana*, em que pontificava o quadro "Neguinho e Juraci", e *Tancredo e Trancado*.

Você sabia?

Que a *PRK-30*, programa humorístico de Lauro Borges e Castro Barbosa, estreou na Rádio Nacional em 27 de setembro de 1946? Que o precursor do teatro no rádio foi Manoel Durães?

ALMANAQUE DA RÁDIO NACIONAL

05

O HUMOR

O HUMOR

Os programas humorísticos da Rádio Nacional alcançavam índices elevados de audiência, disputando a preferência dos ouvintes com as novelas e os musicais. Os humorísticos eram peças-chave na programação da emissora, tendo, até, projetado inúmeros atores e atrizes, que, ao longo da década de 1960, com o declínio do rádio, migraram para a televisão. Foram os casos, por exemplo, de Brandão Filho, Álvaro Aguiar, Luís Delfino e dos irmãos D'Ávila (Ema e Walter). O mesmo, é claro, se deu com produtores, diretores e redatores, que transplantaram para a TV os mesmos programas que faziam no rádio, como o *Balança mas não cai* e o *PRK-30*. Bem verdade que tal experiência não deu certo – e não deu porque os programas citados foram criados especialmente para o rádio, cuja linguagem não é a mesma que a da TV. Esta, mais adiante, na medida em que foi se consolidando, criou os seus próprios programas, que, nem de longe, tiveram (ou têm) o mesmo prestígio popular que os humorísticos radiofônicos tiveram na sua época.

A verdade é que os programas humorísticos da Rádio Nacional fizeram, com qualidade e inteligência, aquilo para o qual foram criados: divertir e alegrar os ouvintes. E é isso, nada mais, que explica a permanência de alguns deles por tantos anos no ar, sem qualquer abalo ou queda no seu prestígio. Muitos se tornaram não apenas uma referência do humorismo radiofônico, como do próprio humor como categoria e gênero de expressão humana.

Conscientes ou não, os programas humorísticos da Rádio Nacional (e não só os dela) podem ser caracterizados como uma espécie de crônica da vida cotidiana da população brasileira. Muitos dos quadros dos programas, mesmo sem qualquer re-

Álvaro Aguiar

ferência específica a isso, faziam uma forte crítica social, expondo as mazelas da sociedade brasileira. Era o caso, por exemplo, do diálogo entre os primos rico e pobre, do *Balança mas não cai*. Quando o primo rico diz, por exemplo, que "conversar com pobre é atraso de vida", ou, ainda, que usa "queijo roquefort nas ratoeiras de minha casa" após ouvir o primo pobre dizer que "lá em casa estamos sem comida", está expressando, com humor, um forte sentimento de desprezo ou de indiferença em relação aos miseráveis.

Em geral, os programas humorísticos da Rádio Nacional eram apresentados ao vivo, na presença de um público que lotava o auditório da emissora. Engana-se, contudo, quem pensa que a direção do programa transformava o palco num teatro, onde os atores representariam seus personagens. Nada disso. Na verdade, os humoristas formavam uma espécie de "cortina cômica", um ao lado do outro, com o texto nas mãos, que liam na medida em que entravam em "cena". Claro, os atores faziam caras, caretas e trejeitos, mas não iam além disso. O humor estava presente no texto – e na interpretação pela voz dos humoristas.

"Balança mas não cai"

De Max Nunes e Paulo Gracindo (Direitos reservados para todo o Brasil. Reprodução proibida)

EDIFÍCIO BALANÇA MAS NÃO CAI.

Programa humorístico que surgiu na Rádio Nacional, em substituição ao *PRK-30* (quando este se transferiu para a Rádio Tupi), escrito por Max Nunes e Haroldo Barbosa.

Fazia tanto sucesso que ia ao ar dois dias na semana: na sexta-feira, ao vivo; aos sábados, gravação do programa do dia anterior, antes do *Programa César Alencar*.

Trouxe muitas inovações: os quadros eram isolados, sem nenhuma ligação entre eles, a não ser o fato de que se passavam no mesmo prédio, o Balança mas não cai.

O programa, enfim, era uma crônica do cotidiano de um edifício, e entre os personagens que marcaram época estão os já citados Primo Rico e Primo Pobre (interpretados por Paulo Gracindo e Brandão Filho, respectivamente) e o Anão Zezinho (interpretado pelo ator Wellington Botelho).

Apesar de ser um programa de características eminentemente cariocas, tornou-se um sucesso nacional.

PRK 30

No rádio brasileiro, o humor tem como referência marcante o programa *PRK-30* da Rádio Nacional do Rio de Janeiro, na década de 1950, época em que o rádio vivia o seu apogeu.

Era um programa de sátira a programas radiofônicos, aos costumes da época, ídolos e transmissões esportivas. Seus locutores eram Lauro Borges, que escrevia o programa, no papel de "Nababo de Alicerce", e Castro Barbosa como "Otelo Trigueirinho". A marca registrada do programa eram os trocadilhos e as brincadeiras com a gramática e a semântica.

Tendo alcançado enorme sucesso na Rádio Nacional, o *PRK-30* nasceu, no entanto, como *PRK-20*, em 1938, na Rádio Clube do Brasil, produzido por Renato Murce, com a colaboração de Lauro Borges, Castro Barbosa, Jorge Murad e Del Mundo.

Na década de 1950, Lauro Borges e Castro Barbosa deixaram a Rádio Nacional e se transferiram para a Rádio Record de São Paulo. Na Record, um novo nome é dado ao programa: *PRK-15*.

O *PRK-30* estreou na Rádio Nacional no dia 27 de setembro de 1946.

"A empatia popular do *PRK-30* cresce a cada edição do programa e desencadeia uma ascensão no Ibope sem precedentes até então. Começando com menos de 30% de aparelhos ligados, a 'estaçãozinha clandestina' de Lauro Borges não custa a atingir a liderança de audiência entre os programas da Nacional e do rádio carioca, sendo ouvida já em 1947 por cerca de um milhão de pessoas, quase a metade da população do Rio na época. Os índices do *PRK-30* chegam a 34,8% em julho de 1947, sobem para 38,8% em agosto, 39,7% em setembro e 48,7% em outubro – até bater o recorde do rádio carioca, com 52,5% em novembro, fechando o ano com 50,1% em dezembro". (Perdigão, 2003)

PIADAS DO MANDUCA

O programa retratava uma sala de aula improvisada na casa da professora Dona Teteca (interpretada por Lígia Sarmento) e de seu marido (Renato Murce).

Os alunos não podiam ser mais impagáveis: Manduca (Lauro Borges), Seu Ferramenta (Castro Barbosa) e Coronel Fagundes (Brandão Filho). A produção e o texto do programa eram de Renato Murce.

– Manduca!

– Sinhô.

– Dê o exemplo de uma coisa escura.

– Mas bem escura?

– Isso mesmo. Escura, bem escura, vamos.

– Bem escura... É o Leônidas, contrastando com o Maneco, dentro de um túnel, chupando jaboticaba, os dois vestidinhos só com uma tanguinha preta.

(Leônidas da Silva, que atuava no Flamengo, e Maneco, meia-direita do América, eram afro-descendentes).

TANCREDO E TRANCADO

Programa humorístico criado por Ghiaroni para os domingos da Rádio Nacional, era um dos quadros mais apreciados da programação noturna. Tancredo era interpretado por Brandão Filho, e Trancado, por Apolo Correia. Mais tarde, Brandão Filho foi substituído pelo cômico Zé Trindade.

Com locução de Waldemar Galvão, o programa ia ao ar às 19h30 e tinha como patrocinador as Pílulas de Vida do Doutor Ross.

HOTEL DO PIMPINELA

Produzido e interpretado por Silvino Neto, o segundo humorista a imitar vozes e a fazer sozinho um programa, com vários personagens nascidos de sua criatividade: Dr. Januário, Pimpinela, seu Acácio, Anestésio, Waldemar e outros que ele improvisava na hora (o primeiro foi Nhô Totico).

Silvino Neto, pai do humorista Paulo Silvino, foi um dos mais famosos imitadores de políticos, imitando com perfeição Getulio Vargas e Ademar de Barros. Foram seus seguidores José Vasconcelos e Chico Anísio.

Ao procurar emprego na Rádio Nacional, Silvino Neto foi conversar com o então diretor artístico da emissora, Oduvaldo Cozzi. Silvino queria uma oportunidade para cantar. "Cantar, Silvino? Tire isso da cabeça: você vai ser é humorista no Rio de Janeiro". Silvino sentiu-se ofendido: julgava-se um cantor. Em São Paulo, chegou a ser apresentado como "o cantor romântico da terra da garoa". Silvino insistiu: "Mas Cozzi, você acha mesmo que eu sou um humorista?" Cozzi explicou: "Sabe, Silvino. Essas vozes que você faz, essas coisas que você tem jeito para contar. O povo carioca vai adorar isso. E como cantor você vai ter de lutar por um lugar com Francisco Alves, com Orlando Silva, com Sílvio Caldas, com Carlos Galhardo. Não dá, Silvino. Eu garanto que se você quiser ser humorista, eu já te dou hoje um contrato de um ano com a Rádio Nacional". Precisando daquele contrato, Silvino aceitou a sugestão de Oduvaldo Cozzi e assinou o contrato.

55 65 80 100 130

ALMANAQUE DA RÁDIO NACIONAL

06

O JORNALISMO

O JORNALISMO

Heron Domingues

A Rádio Nacional foi a primeira emissora brasileira a organizar uma redação própria para os noticiários, com a rotina de um grande jornal diário.

No início, tudo era bem simples: duas ou três pessoas, armadas de tesoura e cola, transmitiam as notícias do vespertino *A Noite*, sem qualquer tratamento radiofônico. Com o passar do tempo, e na medida em que a Rádio Nacional ia se tornando a emissora líder de audiência, criou-se, dentro da emissora, uma Divisão de Radiojornalismo, "com mais de uma dezena de redatores, secretários de redação, radiorrepórteres, informantes e outros auxiliares, além de uma Seção de Divulgação e uma Seção de Esportes completa, e um boletim de notícias em idioma estrangeiro, que cobria todo o continente sul-americano".

Durante anos a Divisão de Radiojornalismo da Rádio Nacional foi chefiada por Heron Domingues, que contava com uma equipe de auxiliares diretos: Jacyra Gomes, José Grossi, Nestor de Holanda e Leomy Mesquita. Heron Domingues foi, talvez, o maior de todos os locutores de notícias do Brasil. Consagrou-se como radialista no *Repórter Esso*.

Heron Lima Domingues nasceu no dia 14 de junho de 1924, em São Gabriel (RS). Sua primeira notícia foi transmitida pela Rádio Gaúcha de Porto Alegre, em 1941, e anunciava a entrada dos Estados Unidos na Segunda Guerra Mundial. Em 1942, foi morar no Rio de Janeiro, onde, a partir de 1944, iniciou suas atividades jornalísticas na Rádio Nacional, mais precisamente como locutor do *Repórter Esso*. Ele mesmo relatou: "Trabalhei no *Repórter Esso* de 1944 a 1962, sem um dia de folga. Levantava-me às 6h45 e voltava para casa à 1h30. Para se ter uma idéia da época conturbada em que vivíamos, no período em que fui locutor da Esso, houve no Brasil dez presidentes da República". Durante a guerra, Heron praticamente dormiu na Rádio Nacional, sempre pronto a colocar a emissora no ar e transmitir a notícia recém-chegada. Cinco notícias que lhe causaram emoção: o lançamento do primeiro satélite artificial em órbita da Terra; o fim da Segunda Guerra; a conquista pelo Brasil da Copa do Mundo de 1958; o lançamento da bomba atômica em Hiroshima e o suicídio do presidente Getulio Vargas, que, segundo costumava dizer, o levou às lágrimas. Heron Domingues faleceu aos 50 anos, em 9 de agosto de 1974.

O *REPÓRTER ESSO*

O *Repórter Esso* ficou quase trinta anos no ar. Ele estreou no dia 28 de agosto de 1941, poucos dias antes de o Brasil entrar na Segunda Guerra Mundial. A última edição do noticiário foi apresentada em 31 de dezembro de 1968, poucos meses antes de o homem pisar na Lua. Foi uma edição inesquecível, em que não faltou a despedida emocionada do então locutor Roberto Figueiredo. Gerações de brasileiros ouviam e acreditavam em tudo o que o *Repórter Esso* dizia. Todos se lembram da famosa vinheta criada pelo maestro Carioca da qual emergia a voz potente e segura de Heron Domingues:

Amigo ouvinte, aqui fala o Repórter Esso, testemunha ocular da história...

A verdade é que ninguém punha em dúvida as notícias divulgadas pelo o *Repórter Esso*. Paulo Tapajós, ex-Diretor da Divisão Musical da Rádio Nacional, observou que a Rádio Tupi foi a primeira emissora brasileira a informar o fim da Segunda Guerra Mundial. Contudo, acrescentou Tapajós, a população só comemorou realmente quando a notícia foi dada (ou validada) por Heron Domingues. A enorme credibilidade de *Repórter Esso* explica, sem dúvida, o seu sucesso e o fato de, ainda hoje, ser lembrado e citado como exemplo de exatidão jornalística.

O *Repórter Esso* não apenas inovou, como ensinou, e seus ensinamentos ainda estão presentes nos noticiários de hoje. Foi o *Repórter Esso*, por exemplo, que criou a técnica da "manchete" na abertura do texto (uma forma de chamar a atenção dos ouvintes), procedimento imediatamente incorporado pelos demais noticiosos e ainda em uso, até nos jornais televisivos. Só num ponto os noticiários atuais se diferenciam o *Repórter Esso*: Heron Domingues, por temperamento e estilo, imprimia emoção à leitura dos textos; hoje, a frieza, em nome da objetividade, faz com que os locutores, conforme diria Nelson Rodrigues, noticiem uma tragédia ou um fato histórico como quem chupa um picolé. Heron Domingues não fazia uma locução mecânica, mas uma locução viva, empolgante, própria dos que percebem (e desejam levar ao ouvinte) a dimensão real do fato narrado.

O *Repórter Esso*, dizem os especialistas, foi um marco no radiojornalismo brasileiro, mas isso se deve, em larga medida, ao apresentador Heron Domingues, que deu ao noticiário personalidade e voz. O *Repórter Esso* inaugurou, no Brasil, um tipo de noticiário pautado pela síntese: os textos lidos eram objetivos, ligeiros, as frases curtas, o que facilitava a leitura e a assimilação do seu conteúdo. Nenhuma notícia podia se exceder em demasia, a não ser quando a cobertura de um acontecimento assim o exigia. Como explicou o próprio Heron Domingues:

"A imprensa é a análise, o rádio é a síntese. A imprensa dirige-se aos que sabem ler; o rádio fala, também, aos que são analfabetos. As frases radiofônicas são curtas, contêm apenas o sujeito, o verbo e o objeto direto ou indireto. Em casos especialíssimos, recorremos ao luxo dos adjetivos ou ao desperdício dos pleonasmos de efeito. A vibração da palavra no tímpano de cada ouvido é fugaz; e o entendimento deve ser instantâneo para que o cérebro possa acompanhar o curso da notícia."

Em 1962, o *Repórter Esso* transferiu-se para a televisão, embora mantivesse suas transmissões radiofônicas. Como tantos outros programas que seguiram tal caminho, não resistiu – e nem podia. Em 31 de dezembro de 1968, o *Repórter Esso* fez a opção definitiva pela televisão, onde permaneceu por mais dois anos exatos. o *Repórter* Esso despediu-se do rádio sem esconder a emoção: as lágrimas do locutor Roberto Figueiredo eram também as lágrimas dos ouvintes brasileiros. Era um ciclo que se encerrava.

O Repórter Esso, filho dileto dos anos dourados da Rádio Nacional, saiu de cena quando as luzes daqueles alegres anos deixaram de brilhar.

O PRIMEIRO A DAR AS ÚLTIMAS!

De segunda-feira a sábado, o *Repórter Esso* ia ao ar nos horários de 8 horas, 12h55, 19h55 e 22h55. Aos domingos, o *Repórter Esso* era apresentado às 12h55 e 21 horas. Em média, tinha a duração de apenas cinco minutos. Isso, é claro, quando não era uma edição extraordinária: nesses casos, o *Repórter Esso* tinha o poder de interromper a programação normal e podia durar mais que os cinco minutos tradicionais.

A REDAÇÃO

A redação de notícias da Rádio Nacional funcionava 24 horas por dia. Era o plantão permanente do *Repórter Esso*. O tempo útil de trabalho era dividido em quatro turnos, cuja equipe básica era a seguinte: secretário (chefia de equipe), redator, redator-auxiliar, dois locutores, noticiarista e repórter.

Você sabia?

Que o famoso prefixo do *Repórter Esso* é de autoria do maestro Carioca, tendo como executantes da gravação original Luciano Perrone, rufando o tarol, Francisco Sergei e Marino Pissiali nos pistons e o próprio maestro Carioca no trombone?

Você sabia?

Que a Rádio Nacional manteve, durante anos, dois programas diários de notícias e comentários intitulados *Llamando América* e *Alô, América*, que eram apresentados em espanhol pelo locutor José Vincent Payá?

ÚLTIMA EDIÇÃO DO *REPÓRTER ESSO*

(Reprodução da última edição no rádio de o Repórter Esso, em 31 de dezembro de 1968. Irradiada, com extrema emoção, pelo locutor Roberto Figueiredo, trata-se de uma peça de valor histórico)

Atenção! Durante 27 anos, o *Repórter Esso*, a testemunha ocular da história, esteve presente aos mais importantes acontecimentos ocorridos no Brasil e no Mundo.

Entrando no ar, pela primeira vez, em agosto de 1941, durante os seus primeiros quatro anos de vida, o *Repórter Esso* foi sempre o primeiro a dar as últimas da Segunda Grande Guerra Mundial. Assim, nessa sua última edição radiofônica, pode o seu *Repórter Esso* recordar as mais sensacionais informações transmitidas para todo o Brasil e em toda a sua vida, autêntico recorde de manutenção no ar de um programa noticioso.

- **1941:** os japoneses atacam a base norte-americana de Pearl Harbour.

- **1948:** o Partido Comunista do Brasil é colocado fora da lei. O Brasil rompe relações com a União Soviética.

- **1950:** os comunistas atravessam o paralelo 38. Começa a Guerra da Coreia.

- **1954:** suicídio de Getulio Vargas.

- **1956:** a União Soviética esmaga pela força a rebelião anticomunista na Hungria.

- **1959:** Fidel Castro vence a revolução cubana.

- **1964:** revolução brasileira nas ruas. Deposto o senhor João Goulart.

- **1968:** Estados Unidos em foco. Assassinados Luther King e Robert Kennedy. Os americanos fazem a primeira viagem em torno da Lua.

O *Repórter Esso*, um serviço público da Esso Brasileira de Petróleo e dos revendedores Esso, encerra aqui o seu período de apresentações por meio do rádio.

Boa noite, ouvintes, e feliz Ano Novo, são os votos da Esso.

Você sabia?

Que a Rádio Nacional recebia, em 1940, uma média mensal de 26.291 cartas de várias regiões do país, índice que, em 1945, chegaria a 104 mil unidades?

Você sabia?

Que *Fatalidade*, a primeira novela genuinamente brasileira, foi escrita por Oduvaldo Viana, em 1947? Que o ator Milton Rangel, o famoso Jerônimo, o herói do sertão, foi operador de cinema?

O *REPÓRTER ESSO* E O SUICÍDIO DE GETULIO

A temperatura política do país estava elevada e prometia subir ainda mais.

Desde o atentado da rua Toneleros, em que um oficial da Aeronáutica morrera e o jornalista Carlos Lacerda, líder da oposição ao governo, levara um tiro no pé, o presidente Getulio Vargas estava praticamente imobilizado no Catete. Os jornais, com exceção apenas da *Última Hora*, não mais escolhiam palavras para atacá-lo. "Somos um povo honesto governado por ladrões" – estampou *A Tribuna da Imprensa*, dando a dimensão da profunda crise de autoridade em que o Brasil estava submerso. Nos quartéis, a oposição e o zunzum contra o governo cresciam: não havia dia em que os boatos não falavam de tanques (do Exército) nas ruas e aviões (da Aeronáutica) nos céus, prontos para o ataque final e a deposição do presidente. Na Câmara e no Senado, os parlamentares se sucediam na tribuna, batendo na mesma tecla: Getulio Vargas, para o bem da nação, tinha de renunciar. Nas ruas, bares e lares, a classe média estava escandalizada com as notícias sobre bandalheiras na administração pública. O golpe estava delineado. Uma questão de dias, dizia-se na cidade.

Na Rádio Nacional – mais especificamente, na redação de radiojornalismo da emissora –, Heron Domingues não se cansava de repetir aos seus companheiros de trabalho: a crise estava próxima do estado de ebulição. Não sabia como ela evoluiria, muito menos seria capaz de arriscar um palpite sobre o seu desfecho. Mas o seu faro jornalístico não o enganava: algo grave estava prestes a acontecer. Por isso, todos ali na redação tinham de permanecer atentos, de olhos bem abertos. "Não podemos", dizia, "ser surpreendidos ou atropelados pelos acontecimentos."

Por isso, ele mesmo, Heron Domingues (solteiro, na época), resolveu mudar-se para a redação. Mandara vir uma cama de campanha, improvisara travesseiros e providenciara um enxoval estratégico: duas mudas de roupa, escova, pasta de dentes, cigarros e uma garrafa de conhaque, que o ajudaria a suportar a longa espera e o frio da madrugada. Às vezes, deitava-se com o receptor ligado ao ouvido, utilizando jornais como cobertor.

Naqueles dias da crise de agosto de 1954, Heron elaborou uma escala, de modo que pelos menos dois auxiliares seus estivessem permanentemente com ele. Durante a última reunião que fizera com sua equipe, alguém usara a palavra exagero para descrever as providências que ele havia tomado. Heron limitara-se a sorrir: "Pois vamos pecar pelo exagero." Dias antes, Heron conversara com o diretor-geral da emissora, Victor Costa, e este, que mantinha uma linha direta com o Catete, não escondera quanto estava preocupado com os rumos possíveis da crise: "É, seu Heron, a coisa pode estourar a qualquer momento." O locutor achou melhor não perguntar ao chefe o que ele chamava de coisa.

A coisa seria ou a renúncia de Getulio (falava-se também em licença) ou a sua deposição. A primeira hipótese, admitiu o locutor, estava agora mesmo sendo discutida na reunião de ministros que Getulio convocara para aquela madrugada. A segunda hipótese dependeria da primeira: há dias, ou semanas, vinha circulando a informação de que forças militares estariam prestes a realizar um ataque armado contra o Catete. Caso Getulio não renunciasse, o golpe militar seria inevitável, concluiu Heron.

O telefone toca, despertando Heron de seus pensamentos. Atende e ouve com atenção a informação que lhe chega. Desliga e imediatamente escreve o texto que lerá ao microfone. Eram 5 horas da manhã.

Amigo ouvinte, aqui fala o Repórter Esso, testemunha ocular da História, em edição extraordinária.

E atenção, atenção, ouvintes do Repórter Esso:

O Palácio do Catete acaba de informar oficialmente que o senhor Getulio Vargas deixará o governo. Todos os ministros de Estado encontram-se reunidos no Palácio presidencial e a informação oficial é de que o presidente da República vai se licenciar por tempo indeterminado. O vice-presidente, Café Filho, assumirá o governo.

O noticiário lido por Heron Domingues praticamente despertou a cidade e instalou uma espécie de frenesi na Rádio Nacional. Os telefones não paravam um só instante: ouvintes ou, mesmo, gente da casa queriam detalhes, muitos se diziam surpresos, outros pareciam felizes, muitos se sentiam tristes e acabrunhados.

Heron, contudo, estava com a pulga atrás da orelha. Chamou dois ou três companheiros de trabalho e segredou-lhes o que sentia: algo lhe dizia que a crise ainda teria desdobramentos. "Vamos permanecer atentos", recomendou. Sentia-se cansado, mas preferiu esperar pelo *Repórter Esso* das 8 horas, quando repetiu a notícia sobre o pedido de licença do presidente Getulio Vargas. Ao voltar à redação, ligou para Victor Costa, no Palácio, e recebeu a informação de que tudo estava calmo: o presidente estava nos seus aposentos, dormindo. Eram 8h10.

Heron resolveu, então, descansar. Pediu a Leomy Mesquita que assumisse o comando da cobertura. Súbito, alguém gritou o seu nome:

– Heron! Depressa! É o Victor Costa! Parece que aconteceu alguma coisa!

O locutor apressou-se a atender:

– Que foi, Victor? Que foi?

– Heron! Aconteceu uma tragédia!

No curto silêncio que se seguiu, Heron supôs ouvir um soluço do outro lado da linha. Gritou:

– Victor, o que houve? O que houve?

– Uma tragédia, uma tragédia, Heron! O presidente se matou! Neste minuto!

– Você tem certeza? Você viu? Posso irradiar? Isso é uma catástrofe.

– Transmita! Agora! Transmita para que o Brasil todo saiba!

Heron ainda queria detalhes:

– Mas se matou como?

– Com um tiro no peito. Benjamin desceu as escadas gritando: Getulio morreu! Getulio matou-se!

O que se seguiu foi contado pelo próprio Heron Domingues anos mais tarde:

"Pulei sobre a mesa e, esquecido de que deveria primeiro dar a notícia ao país, corri, alucinadamente, pelo corretor extenso, até a sala onde estavam reunidos meus companheiros de diretoria da Rádio Nacional. Abri a porta e gritei: 'Ouçam a tragédia!' Não sei se chorava. Tinha nas mãos a maior notícia de minha vida profissional. Nem o fim da Segunda Guerra Mundial me emocionara tanto. Liguei os dispositivos automáticos de interrupção da programação e comecei num cantochão esbaforido e entrecortado:

Atenção! Aqui fala o *Repórter Esso* ***em edição extraordinária!***

Acaba de suicidar-se, em seus aposentos, no Palácio do Catete, o presidente Getulio Vargas!"

Heron Domingues repetiu inúmeras vezes a notícia, sempre com muita emoção. Aos poucos, informações novas chegavam do Palácio, permitindo que o *Repórter Esso* transmitisse a seguinte edição extraordinária:

Amigo ouvinte! Aqui fala o *Repórter Esso*, ***testemunha ocular da história, em edição extraordinária.***

Conhecem-se agora mais alguns pormenores da morte do senhor Getulio Vargas, que se suicidou esta manhã, às 8 horas e 26 minutos, em seus aposentos, no Catete, com um tiro no coração.

Depois da dramática reunião, nesta madrugada, com o ministério e numerosas outras autoridades, o senhor Getulio Vargas retirou-se aos seus aposentos, com a fórmula já assentada de que entraria em licença do governo espontaneamente até que se apurassem cabalmente as responsabilidades relativas ao crime da rua Toneleros. Uma vez provada sua nenhuma culpa, retornaria ao poder. Eram então 3 horas e 30 minutos.

Antes de retirar-se, recebeu abraços dos que se encontravam na sala. Já em seus aposentos, o senhor Getulio Vargas mandou chamar o senhor João Goulart. Este, antes de atender, chamou a um canto o senhor Hugo Faria, ministro do Trabalho, com o qual conferenciou à meia-voz, acenando o titular do Trabalho com a cabeça, dizendo que sim.

Enquanto isso, os jardins do Catete estavam transformados em verdadeira praça de guerra desde as primeiras horas de ontem. As tropas do Exército eram reforçadas e colocadas em pontos estratégicos, enquanto os próprios civis eram recrutados para a defesa, incluindo as mulheres. Notava-se por todos os lados certo frisson, *semelhante a uma angústia indefinível.*

Por volta das 9 horas e 15 minutos, um enviado de Victor Costa entrou na redação de radiojornalismo e entregou a Heron Domingues um envelope. O locutor leu o bilhete que lhe enviara o diretor-geral da emissora: "Heron, aí está a carta que o presidente escreveu antes de se matar. É um documento dramático! Leia-o! O Brasil precisa conhecê-lo!" Heron examinou o texto e logo percebeu a sua importância. Chamou o prefixo do *Repórter Esso*:

Amigo ouvinte do** Repórter Esso**! Atenção! Muita atenção!

Antes de se matar, o presidente Getulio Vargas escreveu uma mensagem à nação. Atenção ao seu conteúdo:

"Mais uma vez, as forças e os interesses contra o povo coordenaram-se novamente e se desencadeiam sobre mim.

Não me acusam, insultam; não me combatem, caluniam e não me dão o direito de defesa. Precisam sufocar a minha voz e impedir a minha ação, para que eu não continue a defender, como sempre defendi, o povo e principalmente os humildes. Sigo o destino que me é imposto. Depois de decênios de domínio e espoliação dos grupos econômicos e financeiros internacionais, fiz-me chefe de uma revolução e venci. Iniciei o trabalho de libertação e instaurei o regime de liberdade social. Tive de renunciar. Voltei ao governo nos braços do povo. A campanha subterrânea dos grupos internacionais aliou-se às dos grupos nacionais revoltados contra o regime de garantia do trabalho. A lei de lucros extraordinários foi detida no Congresso. Contra a Justiça da revisão do salário

Você sabia?

Que o radialista José Mauro, que durante anos foi diretor artístico da Rádio Nacional, era irmão do cineasta Humberto Mauro? Que o cantor Moreira da Silva foi motorista de ambulância?

mínimo se desencadearam os ódios. Quis criar liberdade nacional na potencialização das nossas riquezas por meio da Petrobras; mal começa esta a funcionar, a onda de agitação se avoluma. A Eletrobrás foi obstaculada até o desespero. Não querem que o trabalhador seja livre. Não querem que o povo seja independente.

Assumi o Governo dentro da espiral inflacionária que destruía os valores do trabalho. Os lucros das empresas estrangeiras alcançavam até 500% ao ano. Nas declarações de valores do que importávamos existiam fraudes constatadas de mais de 100 milhões de dólares por ano. Veio a crise do café, valorizou-se o nosso produto. Tentamos defender seu preço e a resposta foi uma violenta pressão sobre a nossa economia, a ponto de sermos obrigados a ceder.

Tenho lutado mês a mês, dia a dia, hora a hora, resistindo a uma pressão constante, incessante, tudo suportando em silêncio, tudo esquecendo, renunciando a mim mesmo, para defender o povo que agora se queda desamparado. Nada mais vos posso dar a não ser meu sangue. Se as aves de rapina querem o sangue de alguém, querem continuar sugando o povo brasileiro, eu ofereço em holocausto a minha vida. Escolho este meio de estar sempre ao vosso lado. Quando a fome bater à vossa porta, sentireis em vosso peito a energia para a luta por vós e por vossos filhos. Quando vos vilipendiarem, sentireis no meu pensamento a força para a reação. Meu sacrifício vos manterá unidos e meu nome será a vossa bandeira de luta. Cada gota de meu sangue será uma chama imortal na vossa consciência e manterá a vibração sagrada para a resistência. Ao ódio respondo com o perdão. E aos que pensam que me derrotaram, respondo com a minha vitória. Era escravo do povo e hoje me liberto para a vida eterna. Mas esse povo de quem fui escravo não mais será escravo de ninguém. Meu sacrifício ficará para sempre em sua alma e meu sangue terá o preço do seu resgate.

Lutei contra a espoliação do Brasil. Lutei contra a espoliação do povo. Tenho lutado de peito aberto. O ódio, as infâmias, a calúnia, não abateram o meu ânimo. Eu vos dei a minha vida. Agora ofereço a minha morte. Nada receio. Serenamente dou o primeiro passo no caminho da eternidade e saio da vida para entrar na História."

Tomado pela emoção, as lágrimas correndo pelo seu rosto cansado e insone, Heron Domingues quase não pôde completar a leitura da carta-testamento. Na Rádio Nacional, um silêncio feito de tristeza e vazio dominava a todos.

Em todo o país, carente de lideranças políticas que conduzissem a sua revolta, o povo saiu às ruas, depredando jornais antigetulistas e bancos e firmas americanas. A carta-testamento funcionara como uma espécie de senha. Contudo, em meio ao pranto, à revolta e à dor, a reação popular perdia-se em lamentações e quebra-quebras inconseqüentes.

Mas isso é outra história.

ALMANAQUE
DA RÁDIO NACIONAL

07

O ESPORTE

O ESPORTE

Nos anos dourados, o esporte jamais teve muito espaço na programação da Rádio Nacional. O sábado à tarde, por exemplo, era reservado com exclusividade ao *Programa César de Alencar*. E ninguém, com um mínimo de juízo, ousaria arrancá-lo do seu horário de sempre ou substituí-lo por uma partida de futebol. Afinal, que importância poderia ter um Fla x Flu, um Vasco x Flamengo ou mesmo o escrete brasileiro diante de um dos líderes de audiência, prestígio e faturamento da emissora? No domingo, sim, mas espremido entre as atrações do dia, Antonio Cordeiro e Jorge Curi podiam, finalmente, narrar e comentar as peripécias do principal jogo da rodada. Com um detalhe: às vezes, as chamadas "reportagens esportivas da Rádio Nacional", patrocinadas pela Cervejaria Brahma, entravam no ar com a partida já em andamento, coisa de dez, 15 minutos. Incrível: ninguém reclamava.

Um dia, quem sabe, alguém saberá explicar o fenômeno: por que a Rádio Nacional se dava ao luxo de esnobar a grande paixão do brasileiro, o futebol, sem sofrer nenhum arranhão no seu ibope? E não só isso: como se houvesse um acordo entre as partes, o ouvinte muitas vezes ouvia o jogo numa outra emissora, mas, logo após o apito final do árbitro, retornava à PRE-8, como um filho que à casa torna.

Apesar das dificuldades, a Rádio Nacional realizou, em 1946, uma importante revolução nas transmissões de futebol. Inspirado no moderno método de arbi-

Acervo Lauro Borges

1) Ciro Monteiro 2) Walter D'Ávila 3) César de Alencar 4) Duarte de Morais 5) Floriano Faissal 6) Brandão Filho 7) Lauro Borges

Acervo Lauro Borges

Ex-jogador profissional, Lauro Borges (ao centro) costumava participar de jogos com outros astros do rádio, no final dos anos 1940. Agachados, à esquerda, Castro Barbosa, à direita, Blecaute

tragem em trio, com os "bandeirinhas" colocados em ângulos opostos do campo, Antonio Cordeiro, responsável pelo Departamento de Esportes da emissora, imaginou o sistema duplo, dividindo o campo em dois setores, cada qual "ocupado" por um locutor voltado para a zona de ataque de cada equipe. Tal sistema duplo acabou por se impor, sendo, posteriormente, adotado por muitas emissoras do país. Na prática, o sistema funcionava assim: o primeiro locutor relatava os lances do lado do campo à esquerda das cabines de rádio; o segundo locutor descrevia os do lado à direita.

Além das reportagens esportivas, a Rádio Nacional apresentava, diariamente, sob o patrocínio da The Sidney Ross, o programa *No Mundo da Bola*, recordista em audiência. Havia ainda o programa *Resenha Esportiva Superball*, que revolucionou os horários de audiência esportiva dominical. Tanto *No Mundo da Bola* como *Resenha Esportiva Superball* eram programas noticiosos, sendo que o primeiro dava ênfase à vida dos clubes cariocas.

O programa *No Mundo da Bola*, de Antonio Cordeiro, instituiu um concurso, nos anos 1940, para indicar o melhor jogador do Brasil. Nada menos que 19.105.856 envelopes do analgésico Melhoral (o patrocinador do programa) foram enviados à Rádio Nacional. O jogador Ademir Menezes, o popular Queixada, do Vasco da Gama e da seleção brasileira, foi o vencedor, recebendo 5.304.935 de votos. Só para comparar: nas eleições presidenciais de 1945, o General Gaspar Dutra recebeu 3.251.507 votos; o Brigadeiro Eduardo Gomes, segundo colocado no pleito, recebeu 2.030.342 votos. Isso mesmo! O jogador Ademir recebeu mais votos que a soma dos votos dos dois candidatos mais votados nas eleições presidenciais de 1945! E não só isso: Ademir recebeu mais votos que o próprio Getulio Vargas nas eleições de 1950.

A COPA DE 1950 NA RÁDIO NACIONAL

16 de julho de 1950

A Rádio Nacional liderava o ranking de emissoras do Rio de Janeiro. Orlando Silva, Francisco Alves, Emilinha Borba, Carlos Galhardo e Sílvio Caldas eram os cantores preferidos do grande público. *PRK-30*, *Alma do Sertão*, *Gente que Brilha*, *Papel Carbono* e *Piadas do Manduca*, todos da Rádio Nacional, eram os programas radiofônicos de maior sucesso. Naquele dia, porém, a audiência da emissora dependia unicamente dos vozeirões de Antonio Cordeiro e Jorge Curi, a quem o destino reservara a oportunidade de narrar a decisão da Copa do Mundo entre Brasil e Uruguai. Decisão que eram favas contadas: o Brasil seria o campeão. Haveria glória maior?

Eram 14h55 quando Ademir movimentou a pelota para Jair, que atrasou para Bauer, dando início à peleja. Foguetes espocavam. Duzentos mil espectadores faziam uma zoada ensurdecedora. O Brasil estava em festa.

Antonio Cordeiro e Jorge Curi revezavam-se ao microfone, impecáveis no uso do sistema duplo. Cordeiro, no primeiro tempo, seria o responsável pelos lances do ataque do Uruguai; Curi, pelos do ataque do Brasil. César de Alencar, o futuro apresentador de um programa que aos sábados tiraria o futebol da Nacional, seria o repórter de campo, com instruções de ficar atrás do gol do Uruguai, é claro. A vitória seria nossa – o problema era saber quantos gols o Brasil faria.

O primeiro tempo terminou empatado em zero a zero. O Brasil, sem dúvida, teve mais oportunidades que o Uruguai, mas o goleiro Máspoli mais parecia um paredão, segurando todos os petardos dos atacantes brasileiros. Bem verdade que a chance mais efetiva de gol pertenceu aos uruguaios: aos 16 minutos, Schiaffino, "com o gol vazio, porque Barbosa saíra antes", mandou a pelota para fora.

O segundo tempo começou às 16h05. A um minuto e 21 segundos de jogo, Cordeiro narrou o gol de Friaça, que colocou o Brasil praticamente com as mãos na taça, já que o empate era suficiente para a conquista do título.

Chutou Máspoli na direção do centro da cancha. Vai o couro na direção de Augusto, que cabeceia. Na ponta-direita para Friaça, que lutou Rodríguez Andrade e perdeu, mas Zizinho recupera. Mandam de novo os brasileiros para o ataque com Ademir, servido na entrada da área. Empurrou para Friaça. Atenção! Entrou na área! Atirou... Goool! Gol brasileiro! Friaça! Gol brasileiro! Friaça! Estão reclamando! Estão reclamando os uruguaios impedimento de Friaça! Não houve impedimento! Não houve impedimento!

O gol de Friaça quase derrubou o Maracanã. Em depoimento a Geneton Moraes Neto, o jogador contou que, após o tento que marcou, permaneceu uns trinta minutos fora de si. "A emoção foi tão grande", disse Friaça, "que só me lembro de uma pessoa que veio me abraçar, o César de Alencar. Naquela confusão, ele entrou em campo e me abraçou. Nós dois caímos dentro da grande área". O gol de Friaça era apenas uma confirmação do que todos já sabiam. Quantos gols os brasileiros ainda marcariam?

O jogo recomeçou. Os uruguaios partiram para cima, dispostos a tudo. Algo, porém, se passava com os jogadores brasileiros. Estranhamente, eles pareciam frios, quase indiferentes, como se a partida fosse apenas um amistoso ou mesmo um treino contra um time de várzea. Obdúlio Varela, ao contrário, gritava com todo mundo – o juiz, os bandeirinhas, os brasileiros, os seus companheiros de equipe. Era a sua maneira de influenciar psicologicamente os brasileiros e sacudir os companheiros, buscando, na base da garra, reverter o placar.

Aos 20 minutos e 13 segundos, Jorge Curi narrou o gol de Schiaffino, empatando a partida.

Bola para Gambetta. Gambetta para Júlio Pérez, na direita. Avança Júlio Pérez. Continua progredindo. Atraiu Danilo. Perdeu para o centro-médio. Recuperou Júlio Pérez. Bateu Jair e entregou para Obdúlio. Obdúlio abriu na ponta-direita para Ghiggia. A pelota chegou ao seu destino. Ghiggia lançou a Schiaffino! Gol do Uruguai! Schiaffino! Gol do Uruguai! Uma boa combinação do ataque uruguaio, que terminou com a conquista do tento de empate por intermédio de Schiaffino. Falou Bigode na luta contra Ghiggia. Entrou e conseguiu centrar rasteiro à boca da meta. Um centro preciso. Entrou Schiaffino, que se deslocara da meia-esquerda para a meia-direita, e emendou marcando. Um a um, empatada a peleja.

Embora o empate ainda garantisse o título ao Brasil, uma nuvem negra parecia cobrir o estádio, impregnando todos de um súbito pavor. Um cronista escreveu que um "silêncio tumular" dominou o Maracanã a partir do gol de Schiaffino. Outro observou que os espectadores ficaram "mudos de espanto". Um terceiro notou que o Maracanã parecia ter ficado "vazio de repente". Tudo isso, é claro, influenciou os jogadores, que passaram a tropeçar nas próprias pernas, sem ânimo ou coragem de reagir. E Obdúlio não parava de gritar, intimidando os adversários e estimulando os uruguaios.

Aos 33 minutos e 30 segundos, a tragédia:

Bauer aparou a bola no peito. Tentou passar por um contrário. Atrasou para Jair. Jair então se infiltra. Empurrou o couro. Defendeu Tejera. Voltou para Danilo. Danilo perdeu para Júlio Pérez, que entregou imediatamente na direção de Míguez. Míguez devolveu a Júlio Pérez, que está lutando contra Jair, ainda dentro do campo uruguaio. Deu para Ghiggia. Ghiggia devolveu a Júlio Pérez, que dá em profundidade ao ponta-direito. Corre Ghiggia! Aproxima-se do gol do Brasil e atira! Gol! Gol do Uruguai! Ghiggia! Segundo gol do Uruguai!

Barbosa, certamente um dos cinco maiores goleiros do futebol brasileiro, foi durante anos acusado de ser o responsável pela derro-

Você sabia?

Que o personagem Anão Zezinho, no programa *Balança mas não cai*, era interpretado por Wellington Botelho? Que André Villon foi magarefe (aquele que mata e esfola reses) de matadouro?

Seleção brasileira da copa de 1950

ta. Nelson Rodrigues falou em "frango eterno". Juvenal, zagueiro da seleção, não fez por menos: "A culpa do gol foi de Barbosa. Como grande goleiro que era, não podia tomar um gol como aquele". Barbosa levou o resto da vida explicando o lance do gol de Ghiggia. Com amargura, costumava dizer: "Muita gente não entrou para a História. Eu jamais sairei da história do futebol brasileiro por causa daquele jogo, em 16 de julho de 1950". Triste sina de um craque excepcional.

O término da partida foi narrado por Antonio Cordeiro:

Vai cobrar o impedimento no centro da cancha Juvenal. Prepara-se Juvenal. Chutou. Bola na área uruguaia. Salta Obdúlio. Defendeu de cabeça. Recupera Ademir. Empurrou para Friaça. Entrou na área Friaça. Aliviou Gambetta. Vem o couro então na direção de Augusto. Foge Augusto pela ponta-direita. Empurrou para Friaça. Caiu Friaça. Levantou-se. Ainda centro, prensado. O couro ficou então em poder de Gambetta, que mandou a córner. Córner contra o Uruguai, no último instante da luta! Terminou o tempo. E vai agora um córner contra o Uruguai. Há descontos ainda. Cobrou Friaça. Cabeceou Jair... Marcou o juiz, entretanto, o final da peleja!

Os relógios marcavam 16h50. Nem mesmo o brilho da Rádio Nacional podia atenuar a dor que os brasileiros sentiam.

FICHA TÉCNICA

Público: 173.850 pagantes.
Árbitro: George Reader (Inglaterra).
Bandeiras: Arthur Ellis (Inglaterra), Gunnar Ahler (Suécia).
Brasil: Barbosa, Augusto e Juvenal; Bauer, Danilo e Bigode; Friaça, Zizinho, Ademir, Jair e Chico. Técnico: Flávio Costa.
Uruguai: Máspoli, Gonzalez e Tejera; Gambetta, Obdúlio Varela e Rodriguez Andrade; Ghiggia, Júlio Pérez, Miguez, Schiaffino e Morán.
Técnico: Juan Lopes.
Gols: Friaça (Brasil), Schiaffino e Ghiggia (Uruguai).

ANOS DOURADOS DA RÁDIO NACIONAL

TIMES: BASE NAS COPAS DO MUNDO

1950 – Barbosa, Augusto e Juvenal; Bauer, Danilo e Bigode; Maneca, Zizinho, Ademir, Jair e Chico.

1954 – Castilho, Pinheiro e Nilton Santos; Djalma Santos, Brandãozinho e Bauer; Julinho, Didi, Baltazar, Pinga e Rodrigues.

1958 – Gilmar, De Sordi, Belini, Orlando e Nilton Santos; Zito e Didi; Garrincha, Didi, Vavá, Pelé e Zagalo.

1962 – Gilmar, Djalma Santos, Mauro, Zózimo e Nilton Santos; Zito e Didi; Garrincha, Didi, Vavá, Amarildo e Zagalo.

CAMPEÕES CARIOCAS

A Rádio Nacional é responsável pela existência, em todos os estados brasileiros, de grandes torcidas de clubes do Rio de Janeiro, que, na maioria dos casos, superam, em número, os torcedores dos clubes locais. Quem, nos mais recônditos rincões do Brasil, mormente no Norte, Nordeste e Centro-Oeste, não se deparou com nativos usando camisas dos clubes cariocas? Eu mesmo vi, em Piaçabuçu (AL) numa só manhã, e em pontos diferentes da cidade, cinco locais ostentando o glorioso uniforme do Vasco da Gama e dois outros vestindo a camisa do Flamengo.

Nos anos dourados, as ondas da Nacional fizeram a integração cultural e política do Brasil. Tal como a Rede Globo a partir dos anos 1970, nas mais longínquas localidades da pátria, milhões de brasileiros sintonizavam a PRE-8 e, como disse Rubem Braga, aprendiam, por meio de suas novelas, programas de auditório, musicais e noticiários, a falar a língua da Rádio Nacional. E foram, principalmente, as reportagens esportivas e as notícias transmitidas pelo *O Mundo da Bola* que fizeram a cabeça dos amantes do esporte bretão, transformando-os em renhidos flamenguistas, botafoguenses, vascaínos e tricolores.

Naqueles anos áureos, os campeonatos eram locais e os jogos só se realizavam nos fins de semana. Os jogos de outros estados não eram transmitidos, e o único torneio interestadual era o Rio-São Paulo. Em síntese: a Rádio Nacional era uma emissora carioca, e foi isso, em matéria de futebol, o que ele ensinou ao brasileiro: a torcer pelos clubes do Rio de Janeiro.

COPAS DO MUNDO

Anos	Local	Posição brasileira
1950	Brasil	Vice-campeão
1954	Suíça	Desclassificado nas quartas-de-final
1958	Suécia	Campeão
1962	Chile	Campeão

INCONFUNDIVEL!
FAIXA AZUL
CERVEJA
Cerveja
FAIXA AZUL
ANTARCTICA
GRANDE MARCA

OS CAMPEÕES CARIOCAS DOS ANOS DOURADOS DA RÁDIO NACIONAL

ANO	CAMPEÃO	TIME-BASE
1940	FLUMINENSE	Batatais, Norival e Machado; Bioró, Spinelli e Malazzo; Adilson, Milani, Romeu, Tim e Hérçules.
1941	FLUMINENSE	Batatais, Norival e Renganeschi; Malazzo, Spinelli e Afonsinho; Pedro Amorim, Romeu, Rongo, Tim e Carreiro.
1942	FLAMENGO	Jurandir, Domingos da Guia e Newton; Biguá, Volante e Jaime de Almeida; Valido, Zizinho, Pirilo, Nandinho e Vevé.
1943	FLAMENGO	Jurandir, Domingos da Guia e Newton; Biguá, Artigas e Jaime de Almeida; Nilo, Zizinho, Pirilo, Perácio e Vevé.
1944	FLAMENGO	Jurandir, Newton e Quirino; Biguá, Bria e Jaime de Almeida; Tião, Zizinho, Pirilo, Perácio e Vevé.
1945	VASCO DA GAMA	Rodrigues, Augusto e Rafanelli; Berascochea, Eli e Argemiro; Djalma, Ademir, Lelé, Isaías e Chico.
1946	FLUMINENSE	Robertinho, Gualter e Haroldo; Pé de Valsa, Pascoal e Bigode; Pedro Amorim, Simões, Ademir, Orlando e Rodrigues.
1947	VASCO DA GAMA	Barbosa, Augusto e Rafanelli; Eli, Danilo e Jorge; Friaça, Maneca, Dimas, Lelé e Chico.
1948	BOTAFOGO	Osvaldo, Gerson e Nilton Santos; Rubinho, Ávila e Juvenal; Paraguaio, Geninho, Pirilo, Otávio e Braguinha.
1949	VASCO DA GAMA	Barbosa, Augusto e Sampaio; Eli, Danilo e Alfredo; Nestor, Maneca, Heleno de Freitas, Ademir e Mário.
1950	VASCO DA GAMA	Barbosa, Augusto e Wilson, Eli, Danilo e Jorge; Alfredo, Maneca, Ademir, Ipojucan e Djair.
1951	FLUMINENSE	Castilho, Píndaro e Pinheiro, Vitor, Édson e Lafaiete; Telê, Didi, Carlyle, Orlando e Joel.
1952	VASCO DA GAMA	Barbosa, Augusto e Haroldo, Eli, Danilo e Jorge; Edmur, Ademir, Ipojucan, Maneca e Chico.
1953	FLAMENGO	Garcia, Marinho e Pavão; Servílio, Dequinha e Jordan; Joel, Rubens, Índio, Benitez e Esquerdinha.
1954	FLAMENGO	Garcia, Tomires e Pavão, Jadir, Dequinha e Jordan; Joel, Rubens, Índio, Benitez e Zagalo.
1955	FLAMENGO	Chamorro, Tomires e Pavão; Jadir, Dequinha e Jordan; Joel, Paulinho, Índio, Evaristo e Zagalo.
1956	VASCO DA GAMA	Carlos Alberto, Paulinho e Belini; Laerte, Orlando e Coronel; Sabará, Livinho, Vavá, Valter e Pinga.
1957	BOTAFOGO	Adalberto, Tomé e Nilton Santos; Servílio, Beto e Pampolini; Garrincha, Didi, Paulo Valentim, Édson e Quarentinha.
1958	VASCO DA GAMA	Barbosa, Paulinho e Belini; Écio, Orlando e Coronel; Sabará, Rubens, Almir, Roberto Pinto e Pinga.
1959	FLUMINENSE	Castilho, Jair Marinho, Pinheiro e Altair; Edmilson e Clóvis; Maurinho, Telê, Valdo, Jair Francisco e Escurinho.

54 60

ALMANAQUE
DA RÁDIO NACIONAL

10

A PUBLICIDADE

A PUBLICIDADE

OS *JINGLES* DA RÁDIO NACIONAL

Não há ouvinte antigo da Rádio Nacional que não saiba cantar alguns dos velhos *jingles* que, nos anos dourados, deliciavam nossos ouvidos. Querem ver? Então repitam comigo:

Melhoral, Melhoral
É melhor e não faz mal!

Estes versinhos mostram bem o sentido e a estrutura dos *jingles* da época: melodia simples, bom humor, letra fácil e de rápida memorização. Na verdade, os *jingles* tinham, ou deveriam ter, a mesma estrutura das marchinhas carnavalescas, daí o fato de que, passados tantos anos, ainda permanecerem vivos na nossa memória. Há coisa mais objetivamente singela e bonita que o *jingle* do Colírio Moura Brasil?

Duas gotas,
Dois minutos,
Dois olhos claros e bonitos.

Conta-se que Paulo Tapajós ganhou uma pequena fortuna ao escrever o *jingle* do Detefon (Detefon/É que mata/Moscas e mosquitos/Pulgas e baratas!), bem como o produtor e escritor Ghiaroni, que bolou não só a vinheta "Gebaratíssimas" para a rede de Casas Gebara (especializada na venda de tecidos) como o bordão "Pequeninas, mas resolvem" para as Pílulas de Vida do Dr. Ross.

A produção de *jingles* era essencialmente amadora ou, mais exatamente, pré-capitalista. A verdade é que ela pouco dependia das poucas agências de publicidade (em geral, americanas) então existentes no eixo Rio/São Paulo. O que prevalecia, de fato, era o talento de homens como Haroldo Barbosa, Antonio Maria, Almeida Rego, Fernando Lobo e Nestor de Holanda, além dos já citados Ghiaroni e Paulo Tapajós. A coisa funcionava mais ou menos assim: o patrocinador interessava-se por um programa que lhe era oferecido. Discutia-se o melhor horário de apresentação, os custos e a propaganda do produto ou do patrocinador (às vezes, os dois coincidiam), que era encomendada a algum radialista. A atividade era estimulante e funcionava como uma fonte de renda adicional para o autor do *jingle*.

Nem tudo era simples e fácil. O *jingle*, sim, este tinha que ser extremamente enxuto e marcante, mas o processo de escrevê-lo às vezes demandava dias e noites de sofrimento para o autor, à cata da melhor rima e da melodia mais graciosa. Em geral, o resultado era satisfatório, e mais uma "musiquinha de produto" incorporava-se à nossa cultura radiofônica.

Os *jingles* fizeram parte do mundo mágico da Rádio Nacional. Nós, os velhos ouvintes da PRE-8, ainda lembramos, com extrema saudade, do poder e do encanto daquelas "musiquinhas de produtos". Quem não lembra?

Você sabia?

Que o corpo de funcionários da Rádio Nacional em meados dos anos 1950 era formado por um diretor-geral, 8 diretores, 240 funcionários administrativos, 10 maestros e arranjadores, 33 locutores, 124 músicos (divididos em 3 orquestras), 55 radioatores, 40 radioatrizes, 52 cantores, 44 cantoras, 18 produtores, um fotógrafo, 13 informantes, 5 repórteres, 24 redatores, 4 secretários-de-redação?

NOSSOS COMERCIAIS, POR FAVOR!

SEDAS SADI

Sedas Sadi
Sadi Sedas,
Boas sedas – sim, senhor!
No 148, lá na
Rua do Ouvidor

REFRIGERANTE GUARÁ

Guará, Guará, Guará, Guará!
Melhor refrescante não há!
Guará, Guará, Guará, Guará!
Melhor refrescante não há!
Eu vou ali,
Já volto já,
Eu vou depressa beber o meu Guará!
Guará, Guará, Guará, Guará!
Melhor refrescante não há!

LÂMPADA GE

Se a lâmpada apagar
Não adianta estrilar,
Nem bater o pé!
O que resolve
É ter logo à mão
Lâmpadas GE!

BALAS RUTH

Balas instrutivas Ruth
São fáceis de colecionar,
Independente do álbum,
Lindos prêmios podemos ganhar.
Por isso nós vamos agora,
Os nossos níqueis juntar,
Para comprar Balas Ruth
Para bons prêmios ganhar.

CASAS PERNAMBUCANAS

Não adianta bater
Eu não deixo você entrar
Nas Casas Pernambucanas
É que eu vou
Aquecer o meu lar
Vou comprar flanelas
Lãs e cobertores eu vou comprar
Nas Casas Pernambucanas
E nem vou sentir
O inverno passar.

MELHORAL

Melhoral, Melhoral
É melhor e não faz mal!
(Locutor: Tome Melhoral. É batata!!!)

GRAPETE

Quem bebe Grapete,
Repete!

MAGNÉSIA LEITOSA

Magnésia gostosa
Leitosa
Fiel
Magnésia Leitosa
De Orlando Rangel

COLGATE

Limpa bem seus dentes
Creme dental Colgate
Perfuma o hálito
Use Colgate
Enquanto limpa os dentes
(Colgate, Colgate!)
Perfuma a boca
(Colgate!)

Enquanto limpa os dentes
(Colgate!)

Toda família é quem brilha
Com óleo e brilhantina Colgate
Cuide do penteado, cuide,
Trate do cabelo, trate,
Usando o óleo
Ou brilhantina Colgate!

PHIMATOSAN

Phimatosan
Quando você tossir
Phimatosan
Se a tosse resistir
Renova o seu apetite
Afastando a bronquite

Phimatosan
Melhor não tem
É o amigo que lhe convém.

LEITE EM PÓ MOCOCA

A vaquinha Mococa
Está mugindo
A vaquinha Mococa
Está dizendo
Beba leite em pó Mococa.

TATUZINHO

Ai tatu, tatuzinho
Me abre a garrafa
E me dá um pouquinho

AURISSEDINA

A criança chorou
Dorme, dorme, menina
Tudo calmo ficou
Mamãe tem Aurissedina

PÍLULAS DE VIDA DO DR. ROSS

Pílulas de Vida
Do Dr. Ross
Fazem bem ao fígado
De todos nós
(Locutor: Contra a biliosidade,
Pílulas de Vida de Dr. Ross. Uma ou
duas ao deitar, dão saúde e bem-estar)
Na prisão de ventre
Que é coisa atroz
Pílulas de Vida
Do Dr. Ross.
Pílulas de Vida do Dr. Ross
Trazem saúde para todos nós.

CONHAQUE D ALCATRÃO DE SÃO JOÃO DA BARRA

Conhaque de Alcatrão
De São João da Barra
Resfriado
não me pega
Resfriado não me agarra.
De norte a sul
De leste a oeste
Todos pedem
Conhaque de Alcatrão
De São João da Barra
(Locutor: Ontem, hoje, sempre,
a bebida do Brasil).

CAFÉ CAPITAL

Bom mesmo é Café Capital
É bom
Bom mesmo é Café Capital
É bom
Há mais de meio século famoso
Capital é o café mais gostoso
Bom mesmo é Café Capital
É bom
Tomo um, tomo dois, tomo três,
Porque
Depois de um Café Capital
Bom mesmo é Café Capital
Outra vez.

DETEFON

Na sua casa tem barata?
Não vou lá!
Na sua casa tem mosquito?
Não vou lá!
Na sua casa tem pulga?
Não vou lá!
Peço licença para mandar
Detefon em meu lugar!

Detefon
É que mata
Moscas e mosquitos
Pulgas e baratas.

RINSO

Que roupa limpa
Branquinha
Brancura Rinso a minha roupa tem
Mas que beleza, vizinha
Com Rinso eu vou lavar também.

ASTRINGOSOL

Francisco Amarante
Tremendo fumante,
Chupava bala pra fazer farol
Seu hálito era irritante
Hoje Amarante é bem fascinante
Pois lava a boca com Astringosol

REVISTA DO RÁDIO

Revista do Rádio
Que toda semana eu espero
- Hei, jornaleiro!
É esta que eu quero!

GUARAÍNA

Dores? Guaraína corta a dor
E não ataca o coração.

SABONETE DORLY

Sabonete Dorly
Preço por preço é o melhor

INALADOR VICK

Delicioso frescor ao respirar
Aclare a cabeça de maneira diferente

GILLETTE AZUL

A coisa está preta...
Para ele!
Mas...
Tudo azul
Para os que usam Gillette Azul

PAN AMERICAN WORLD AIRWAYS

A linha aérea de maior
experiência no mundo

REGULADOR XAVIER

O remédio de confiança da mulher
Nº 1 – excesso
Nº 2 – escassez

BIOTONICO FONTOURA

O mais completo fortificante!

LIFEBUOY

Cuidado com o perigo
das impurezas!
Está no chão, na poeira, em toda parte!
Só Sabonete Lifebuoy
Possui o ingrediente purificado
Que protege à saúde!
Dê à sua família a proteção diária
de Lifebuoy.

PASTILHAS VALDA

Para uma voz que encanta
Pastilhas Valda na garganta

TALCO ROSS

Passa, passa o Talco Ross,
Quero ver passar.
Passa, passa o Talco Ross,
Para refrescar.
(Locutor: O Talco Ross amacia
e suaviza a cútis. O Talco Ross
é beleza, conforto e bem-estar.)
Passa, passa o Talco Ross,
Quero ver passar.
Passa, passa o Talco Ross,
Para refrescar.

COLÍRIO MOURA BRASIL

Duas gotas,
Dois minutos,
Dois olhos claros e bonitos!

PELOS DO ROSTO
Extração radical sem marca
DR. PIRES
Rua México, 31 — 15.° andar
Tel.: 22-0425 — Rio de Janeiro
Gratis: Peça Informações
Nome ....
Rua ....
Cidade .... Estado ....

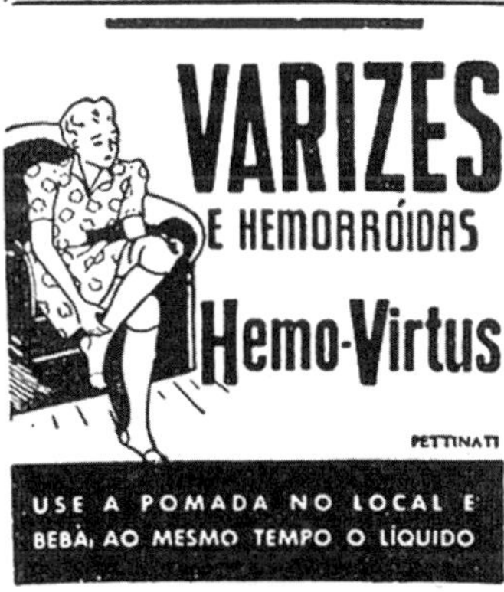

O ÁLBUM DE FIGURINHAS DAS BALAS INSTRUTIVAS RUTH

No dia 1º de novembro de 1951, estreou no Teatro Jardel a peça "Figurinha difícil", de Geysa Boscoli e Millôr Fernandes. No espetáculo, figurinha difícil era a mulher arredia, relutante, resistente, cheia de não-me-toques. "Que figurinha difícil, meu Deus!", era o que dizíamos quando a garota não queria nada com a gente ou quando ela passava sem nos dar a menor atenção.

A expressão, contudo, tinha um outro, e mais importante, significado para a garotada da época. Sem televisão, internet ou qualquer outro divertimento eletrônico, a alegria dos meninos era colecionar figurinhas de jogadores de futebol, artistas, astros do cinema, curiosidades e feitos militares. E, prazer dos prazeres, "completar" os álbuns, o que significava, antes de tudo, ser o feliz possuidor das chamadas "figurinhas difíceis", aquelas figurinhas raras e indisponíveis que todos procuravam como a um tesouro precioso.

Na década de 1950, a grande curtição no Rio de Janeiro (não sei se o mesmo sucedia nas demais capitais) era colecionar as maravilhosas figurinhas das balas Ruth. Trocar, vender, comprar e – por que não dizer? – "bifar" (também se dizia "estarrar") figurinhas dos outros meninos. Tudo valia, desde que o álbum fosse completado.

Os pedantes que me desculpem, mas no álbum de figurinhas das balas Ruth, tão insistentemente anunciadas e cantadas na Rádio Nacional, havia mais cultura e conhecimento do que na maioria dos programas de televisão de hoje. Foi por meio do hábito de juntar e procurar as figurinhas (e não só as difíceis, diga-se) que muitos de nós aprendemos o significado da palavra pesquisa. Nada de exagero em afirmar que o álbum de figurinhas das balas Ruth pode ser comparado a uma minienciclopédia. Eram 360 figurinhas distribuídas em páginas temáticas, como a de Descobridores Célebres (que incluía o nosso Santos Dumont), a de História das Habitações e a de Antigos Soldados do Brasil.

O álbum das figurinhas das balas Ruth tinha clara consciência do papel que jogava na formação da garotada. Ao abri-lo, deparamos com uma fada puxando uma cortina, atrás da qual surgia uma tabuleta. O texto ali escrito defendia a idéia de que o colecionismo era não só um passatempo, como uma forma de "relembrar" – logo, de aprender e reaprender – conhecimentos. Nós, a garotada dos anos 1950, curtíamos e aprendíamos os segredos da vida e da História naqueles pequenos pedaços de papel, cujas estampas coloridas (nem sempre bonitas) eram, a um só tempo, sonho e realidade. As figurinhas eram para nós uma espécie de capital, com valor de uso e troca, que passávamos adiante e nos permitiam obter coisas, como os "lindos prêmios" da propaganda musical. Afora, é claro, o prazer indescritível de possuir, e ser invejado por isso, uma figurinha que todos os meninos próximos desejavam possuir.

Uma jóia enciclopédica!

Balas instrutivas Ruth
São fáceis de colecionar,
Independente do álbum,
Lindos prêmios
podemos ganhar.
Por isso nós vamos agora,
Os nossos níqueis juntar,
Para comprar Balas Ruth
Para bons prêmios ganhar.

Balas Ruth

Curioso: alguém é capaz de lembrar, hoje, qual era o "gosto" das balas Ruth? Hortelã, framboesa, limão, laranja? Ou era dessas balas de cores variadas, tipo jujuba, cada qual com um paladar vagamente diferente da outra? O fato é que a garotada comprava sacos de Balas Ruth, mas o barato mesmo eram as figurinhas e não as guloseimas. Pois é. Meio século depois, somos capazes de lembrar das figurinhas, mas não da cor e do gosto das balas Ruth.

"A figurinha nos permite, afinal, anos e anos depois, ter um reencontro cheio de saudade com os heróis, os mitos e os mágicos que encantaram os melhores sonhos da infância e juventude. Eles nunca mais nos abandonam, ainda que durando apenas como emocionada recordação. Eles são o que fomos em estado de exaltação e fantasia. São o cortejo encantado dos nossos sonhos". (Artur da Távola)

Eram quatro as figurinhas mais difíceis das balas Ruth: o Açúcar, a Casa de Madeira, a Locomotiva de 1877 e o Shakespeare. Pouquíssimos conseguiram completar o álbum: sempre faltavam essas quatro figurinhas.

A Fábrica de Doces Ruth Ltda., fabricante das balas Ruth, patrocinava um dos quadros do *Programa César de Alencar*. A música do produto era cantada pelo apresentador e pelo seu auditório.

Agora, me digam: tinha coisa mais deliciosa que ganhar no "bafo-bafo" uma figurinha tão desejada e sonhada, com a qual podíamos fechar mais uma página do álbum?

Você sabia?

Que Nilza Magrassi foi professora de português da Escola de Teatro da Prefeitura do Distrito Federal (Rio de Janeiro)?

SEU CRIADO, OBRIGADO!
FRASES E BORDÕES QUE NÃO ESQUECEMOS

"Mengo, tu é o maior!" – ***Peladinho, personagem criado pelo comediante Germano, um ardoroso flamenguista, num dos quadros do programa Balança mas não cai.***

"Quem sou eu, Primo?" – ***Dito pelo Primo Pobre (Brandão Filho) após uma pergunta inconveniente ("você já comeu caviar, Primo?") do Primo Rico (Paulo Gracindo).***

"O primeiro a dar as últimas!" – Repórter Esso, ***na voz de Heron Domingues.***

"Quem sabe o mal que se esconde nos corações humanos... Só o Sombra sabe." – ***Na voz de Saint-Clair Lopes, o Sombra, um dos heróis da Nacional.***

"Chumbinho, apresente o seu relatório..." – ***Era assim que o Caveira, inimigo de Jerônimo, falava com o seu principal ajudante.***

"É a maior!" – ***Grito das fãs para o seu astro ou estrela favorito.***

"Ao soar o carrilhão dando as doze badaladas, ao se encontrarem os ponteiros na metade de dia, também os ouvintes da Rádio Nacional do Rio de Janeiro, no Programa Luís Vassalo, se encontram com Francisco Alves, o Rei da Voz" – ***Na voz de Lúcia Helena, a abertura do* Programa Francisco Alves, *que ia ao ar aos domingos às 12 horas.***

"Alegria, meus senhores! Bom humor, muita alegria é o que trás esse programa com esse desfile de melodias populares encabeçado por esta irrequieta estrela que é Marlene e esse animador que é Manoel Barcellos!" – ***Abertura do Programa Manoel Barcellos***

"(Som da música "Nancy", cantada por Francisco Alves) Boa-noite, ouvintes! Estão abertas as pesadas portas do *Museu de Cera!* Estas paredes guardam o que há de mais precioso! Nestas prateleiras empoeiradas pelo correr dos anos dormem empilhados milhares e milhares de discos, cada um deles capaz de fazer reviver momentos felizes da nossa vida. *Museu de Cera!* Um programa que rouba minutos preciosos de sua atenção mas em troca oferece emoções gostosas, como só a saudade pode oferecer. Aceita o nosso convite? Então, penetremos no *Museu de Cera!*" – ***Palavras de Heber de Boscoli na abertura do programa* Museu de Cera.**

"100% financiado pela perfumaria Mirta S.A., ergue-se em qualquer ponto da Cidade Maravilhoso o Edifício... Balança! (tan-tarantã!) Balança! (tan-tarantã!) Balança! (tan-tarantã!) Mas não cai!" – ***Abertura do Programa* Balança Mas Não Cai.**

"Alô, alô, senhores aviadores que cruzam os céus do Brasil. Aqui fala Jorge Veiga diretamente da Rádio Nacional. Estações do interior queiram dar os seus prefixos para guia das novas aeronaves". – ***Bordão usado pelo cantor Jorge Veiga nas suas apresentações.***

"Pequeninas, mas resolvem!" – ***Bordão, criado por Ghiaroni, das Pílulas de Vida do Dr. Ross.***

"Gebaratíssimo"! – ***Bordão criado por Ghiaroni para qualificar os produtos das Lojas Khalil M. Gebara.***

"Meliantes, tremei! No ar, *As Aventuras do Anjo!*" – ***Frase com que era iniciado* As Aventuras do Anjo.**

"No ar, o Radioteatro Colgate-Palmolive com mais um capítulo emocionante da novela de Félix Caignet, tradução de Eurico Silva, *O direito de nascer!...*" ***Bordão de abertura da novela.***

"Cavaleiros e cavaleiras de ambos os sexos, muito boa tarde. Acaba de subir pro ar a sua PRK-30, falando diretamente do segundo andar do Edifício Espícler, enquanto não anunciam a construção do primeiro andar. É por isso que anunciamos sempre: no ar, PRK-30!" – ***Lauro Borges, anunciando o programa* PRK-30.**

"A pausa que refresca" – ***Bordão da Coca-Cola.***

"Quem bebe Grapete, repete!" – ***Bordão do Grapete.***

"O amigo que lhe convém!" – ***(Bordão do Phimatosan).***

"A Pan American World Airways, a rede dos Clippers, apresenta... *Aquarelas das Américas*! Quadros sonoros em que estão retratados os países e os povos das Américas! – ***Abertura do programa* Aquarelas das Américas.**

"E atenção ouvintes! Vem aí para contar o que acontece em todos os quadrantes do mundo!... O *Correspondente Nacional!*" – ***Abertura do noticiário* Correspondente Nacional.**

"Dura lex sed lex, no cabelo só Gumex" – ***Bordão da Gumex, um fixador do penteado masculino.***

"Regulador Xavier, o remédio de confiança da mulher! Duas fórmulas diferentes para dois males diferentes! Nº 1 – excesso. Nº 2 – escassez." – ***Bordão do Regulador Xavier***

"O Dragão, a fera da Rua Larga" – ***Bordão de uma tradicional loja de variedades.***

"Não deixe para amanhã o que pode fazer hoje. Compre já!" – ***Bordão da Camisaria Progresso.***

Há quasi meio século CAFIASPIRINA impõe-se à *confiança* de todos como o remédio ideal contra dores e resfriados, graças à sua científica manipulação e à perfeição de sua fórmula.

CAFIASPIRINA

O REMÉDIO DE CONFIANÇA

Se é BAYER é bom

55 65 80 100 130 160

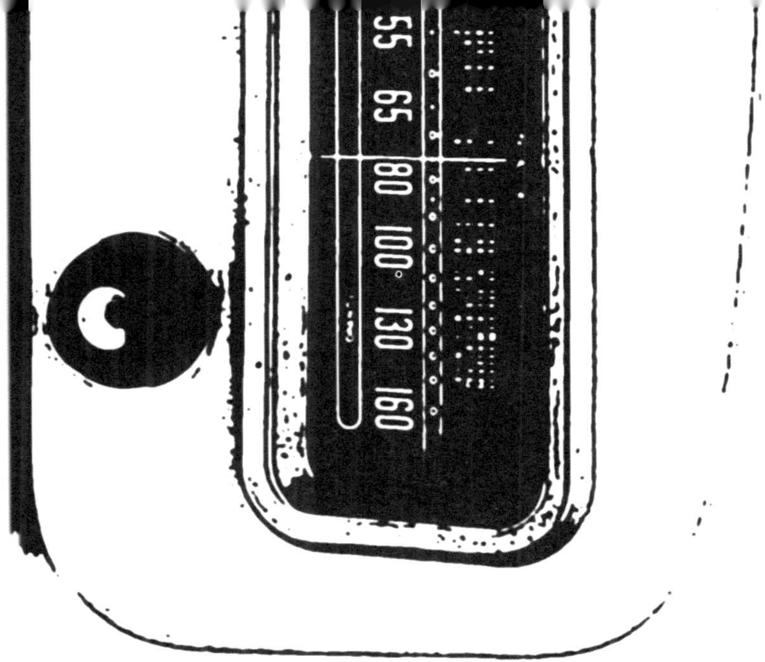

ALMANAQUE DA RÁDIO NACIONAL | **10** | GENTE QUE BRILHA

ALMIRANTE

Henrique Foréis Domingues foi uma das mais expressivas figuras da cultura popular brasileira. Nasceu no Rio de Janeiro, no dia 19 de fevereiro de 1908. Iniciou a carreira de radialista em 1938. *Curiosidades musicais*, sob seu comando, foi o primeiro programa de rádio com montagem no Brasil. Foi responsável, ainda, pelo lançamento de inúmeros programas, tais como *Instantâneos sonoros do Brasil*, *Caixa de perguntas*, *No tempo de Noel*, *Incrível, fantástico, extraordinário*, entre muitos outros. Gravou e compôs músicas de grande sucesso. Além das muitas atividades a que se dedicou, Almirante reuniu um enorme acervo sobre a história da música popular brasileira. Morreu no Rio de Janeiro, no dia 22 de dezembro de 1980.

ÁLVARO AGUIAR

Nasceu na cidade de Três Rios, no estado do Rio de Janeiro, no dia 12 de maio de 1907. Veio morar no Rio em 1939. Somente em 1945 passou a trabalhar no rádio, cinema e teatro. No cinema, participou de diversos filmes. No teatro estreou com Bibi Ferreira, na peça "Os amores de Sinhazinha", tendo sido contratado imediatamente pela companhia de Henriette Morineau. Foi, contudo, no rádio que Álvaro Aguiar tornou-se conhecido: fez papéis relevantes em novelas, programas humorísticos e no seriado *As aventuras*

Celso Guimarães

do Anjo, no qual desempenhava o papel do detetive. Esse seriado ficou no ar por 17 anos, sendo, também, transformado em histórias em quadrinhos.

ANTONIO CORDEIRO

Antonio Gentil Cordeiro nasceu em Recife(PE), em 30 de julho de 1910. Foi a grande figura da Rádio Nacional no campo dos esportes.

AURÉLIO ANDRADE

Nasceu na cidade de Paraíba do Sul. No rádio começou na Tupi, indo, depois, para a Rádio Nacional. Atuou durante algum tempo na BBC, de Londres.

CAUÊ FILHO

Nasceu no Rio de Janeiro, em 21 de abril de 1911. Comandou um programa na Rádio Nacional em 1939: *Dona Júlia e sua obra*, cujo objetivo era divulgar a obra da escritora Júlia Lopes de Almeida. Em dezembro de 1953, estreou no seriado *Jerônimo, o herói do sertão*, interpretando o papel de Moleque Saci. Especialista em tipos regionais, participou de quase todas as novelas e programas especiais irradiados pela Rádio Nacional.

CELSO GUIMARÃES

Celso Tinson Foot Hummell Guimarães nasceu em Jundiaí (SP), em 23 de novembro de 1907. A primeira emissora em que atuou foi a Rádio Cruzeiro do Sul, em São Paulo. Atuou nas principais novelas da Rádio Nacional, contracenando com Ismênia dos Santos, Zezé Fonseca, Amélia de Oliveira, Olga Nobre e Isis de Oliveira. Foi a primeira voz que se fez ouvir ao microfone da potente emissora que nascia. Além de seus atributos artísticos, tinha um atributo que muito o distinguia: era educadíssimo, o que o fazia ser admirado e respeitado por todos.

CÉSAR DE ALENCAR

Hermelino César de Alencar Mattos nasceu em Fortaleza (CE), em 6 de junho de 1917. Em 1939, ano em que chegou ao Rio de Janeiro, foi notado por Renato Murce, que lhe ofereceu a oportunidade de fazer um programa diário na Rádio Clube do Brasil. Na Rádio Nacional, apresentou o mais importante programa de auditório da década de 1950, onde se apresentaram os mais importantes astros e estrelas da emissora. Em 1964, abalou a sua imagem quando, nos idos do golpe, foi acusado de, juntamente com Celso Teixeira e Hamilton Frazão, delatar colegas de profissão que se opunham ao pronunciamento militar.

CÉSAR LADEIRA

Foi uma das figuras de proa do rádio brasileiro, em que fez de tudo: foi locutor, radioator, autor, produtor, diretor e, sobretudo, orientador de astros e estrelas. Nasceu em Campinas, em 1911. Quando criança tinha um ideal: queria ser jornalista e escritor. A sua entrada para o rádio foi quase casual e coincidiu com a eclosão da Revolução Constitucionalista de São Paulo, em 1932: César Ladeira foi o locutor oficial do movimento. Na Rádio Nacional, à qual chegou depois de uma temporada na Mayrink Veiga, César deu nova dinâmica à programação, revolucionou as técnicas de locução e narração e procurou incentivar os principiantes. Notabilizou-se por ser o descobridor de talentos, como o violonista Zé Menezes, e o de criar apelidos e nomes para cantores e cantoras, como A Pequena Notável (Carmen Miranda), O Cantor das Multidões (Orlando Silva), Quatro Ases e Um Coringa, Caboclinho Querido (Sílvio Caldas). César Ladeira foi apresentador de inúmeros programas, cabendo destacar *Seu criado, obrigado*, de Lourival Marques e *Poemas sonoros*, de Eurico Silva.

DOMÍCIO COSTA

Domício Costa dos Santos Filho nasceu em 1930, no Rio de Janeiro. Começou fazendo rádio muito cedo. Trabalhou em inúmeras novelas, entre as quais *O direito de nascer*. Fora do radioteatro, Domício também compôs, tendo lançado várias músicas, entre as quais "Você não tem vez" e "Arrependimento", gravadas por César de Alencar. Gravou *jingles*. Foi um dos mais famosos astros da Rádio Nacional. Hoje faz dublagens.

DOMINGOS MARTINS

Nasceu no Rio de Janeiro, no dia 29 de março de 1933. Era o mais moço de uma família de artistas: suas irmãs Deuza e Dulce são atrizes da Rádio Nacional. Atuou em novelas e seriados. Faleceu num acidente de carro.

EURICO SILVA

Eurico Antonio Crispim da Silva nasceu em Portugal no dia 18 de setembro de 1900. Aos 16 anos veio para o Brasil, e três anos depois estreava como ator da Companhia Eduardo Pereira, no antigo Teatro Carlos Gomes, na peça "O mártir do calvário". Em 1939, a Rádio Nacional o contratou como ator e produtor de peças para o saudoso e histórico Teatro em Casa. Em 1941, voltou ao teatro, para, em 1945, reingressar na PRE-8, dessa vez como ator, ensaiador e produtor. Redigiu, entre 1941 e 1959, cerca de 28 novelas e produziu inúmeros programas, entre os quais *Versos e melodias*, *Casa da sogra*, *Neguinho e Juraci*, *Tabuleiro da baiana*, *Poemas sonoros* e *Você faz o programa*.

FERNANDO LOBO

Pernambucano do Recife, Fernando de Castro Lobo nasceu a 26 de julho de 1915. Criado em Campina Grande (PA), aprendeu a tocar piano com Capiba, pai do famoso compositor do mesmo nome. Em 1936, compôs o frevo "Alegria", sua primeira música. Em 1951, já exercia o cargo de redator da Rádio Nacional, sendo colega de Haroldo Barbosa e Renato Murce. Produziu inúmeros programas de sucesso, como *Caricaturas*, *Campeonato de compositores*, *Convite à música*, *É uma coisa linda* e *Dicionário Toddy*, além de quadros do *Programa César de Alencar*. Apresentado aos sábados às 20h30, *Dicionário Toddy* era um programa musical (participavam radioatores para a apresentação de pequenos esquetes) montado sobre uma palavra escolhida pela produção. Fernando Lobo compôs clássicos da música brasileira, como "Chuvas de verão", "Nega maluca" (com Evaldo Rui), "Ninguém me ama" e "Preconceito" (com Antônio Maria), "Siga" (com Hélio Guimarães) e "Zum-zum" (com Paulo Soledade). Escreveu livros infantis e um de reminiscência, *À mesa do Vilariño*. Faleceu em 22 de dezembro de 1996.

FLORIANO FAISSAL

Nasceu no dia 20 de janeiro de 1907 na cidade do Rio de Janeiro. Foi Victor Costa quem o levou para a Rádio Nacional, na qual ocupou o cargo de diretor do Departamento de RadioTeatro. Foi uma das pessoas mais influentes na fase áurea da emissora. Trabalhou ainda como ator, até de programas humorísticos como o *Neguinho e Juracy*, em que contracenava com a atriz Ismênia dos Santos. Em 1961, recebeu em Barcelona o título de "O Melhor Diretor Estrangeiro de Rádio". Era, como ele mesmo dizia, um incentivador de talentos, e foi assim que favoreceu e estimulou inúmeras carreiras artísticas na Rádio Nacional. Em 1960, desejando aferir a penetração real da emissora, criou o Clube dos Ouvintes da Rádio Nacional. A coisa funcionava assim: os ouvintes enviavam dois retratos à emissora e recebiam, pela volta do correio, uma carteirinha de membro do clube. Para surpresa geral, só nos primeiros quatro meses, a Nacional recebeu 159 mil cartas dos mais diversos rincões brasileiros. Segundo Floriano Faissal, a importância da Rádio Nacional jamais foi, na verdade, dimensionada: "É muito difícil apagar o que a Nacional deixou feito. A Rádio Nacional foi uma universidade de rádio".

GERDAL DOS SANTOS

Gerdal Renner nasceu no Rio de Janeiro, em 27 de outubro de 1927. Começou no rádio muito cedo: tinha 15 anos de idade quando se apresentou, pela primeira vez, na *Hora do guri*. Já em 1945 passava a integrar o *cast* da Rádio Globo, transferindo-se posteriormente para a Rádio Nacional. Na PRE-8, trabalhou em novelas e seriados, como *Teatro de mistério* (na qual desempenhava o papel do detetive Zito, auxiliar do Inspetor Marques), *Jerônimo e O Anjo*.

GHIARONI

Giuseppe Artidoro Ghiaroni nasceu em Paraíba do Sul (RJ), no dia 22 de fevereiro. Ingressou na Rádio Nacional como tradutor e, em 1943, estreou como novelista com *Um raio de luz*. Desde então sua carreira tem sido uma sucessão de êxitos. Escreveu, ainda, programas humorísticos. O argumento de uma de suas novelas de maior sucesso, *Mãe*, foi aproveitado no cinema. Poeta, escreveu vários livros de poemas.

GILBERTO DE ANDRADE

Nome importantíssimo na história da Rádio Nacional. Quando, em 1940, Getulio Vargas incorporou a Nacional ao patrimônio da União, Gilberto de Andrade foi o nome escolhido para dirigir a emissora. Criou, desde logo, a Seção de Estatísticas da PRE-8, visando a quantificar o grau de aceitação e agrado dos programas e artistas da rádio. Montou uma equipe afinada com José Mauro, Almirante e Radamés Gnatalli, o que permitiu que a Rádio Nacional começasse a apresentar índices elevados de audiência, o que a levou a uma posição de liderança absoluta no Brasil. Eliminou o sistema, até então vigente, do "pistolão", criando um sistema de provas práticas ou testes em que todos os candidatos tinham de participar. Seu nome, enfim, ocupa lugar de honra na história da Rádio Nacional.

HAROLDO BARBOSA

Carioca, nasceu em 21 de março de 1915. Compositor, redator, humorista, começou sua carreira em 1933, na Rádio Philips, onde também trabalhava seu irmão Evaldo Rui. Na Rádio Nacional, desempenhou diversas atividades, entre as quais a elaboração do roteiro de *O grande teatro*, de César Ladeira, um dos programas de maior sucesso na época. Por volta de 1945, Barbosa criou o programa *A canção romântica*, especialmente para o cantor Francisco Alves. Mais tarde passou a dirigir o programa *Um milhão de melodias*. Produziu ainda *Rádio Almanaque Kolynos* e *Casa da sogra*. Seu primeiro sucesso como compositor foi a marchinha "Barnabé" (com Antonio Almeida). Seguiram-se outros sucessos, como "De conversa em conversa" (com Lúcio Alves), "Adeus, América" e "Tintim por tintim" (ambas com Geraldo Jacques). Com Luís Reis escreveu inúmeras canções: "Devagar com a louça", "Meu nome é ninguém", "Moeda quebrada", "Nossos momentos", "Notícia de jornal", "Palhaçada", "Tudo é magnífico". Haroldo Barbosa faleceu no Rio de Janeiro em 5 de setembro de 1979.

HÉLIO DO SOVERAL

Hélio do Soveral Rodrigues de Oliveira Trigo Aguiar nasceu na cidade de Setúbal, Portugal, em 30 de setembro de 1918. Tinha 7 anos quando veio para o Brasil. Foi quase tudo na vida: jornaleiro, engraxate, balconista, vendedor de verduras e legumes. Gostava de ler – e lia muitíssimo, pois tinha a intuição de que a cultura o ajudaria a superar suas dificuldades. Em 1936, concorreu e ganhou o concurso que a revista *Carioca* instituiu para premiar os melhores contos enviados pelos leitores. Em 1943, após trabalhar em revistas e diversas emissoras, foi contratado pela Rádio Nacional, onde escreveu novelas de êxito, como *Retrato de Cristina*, *Jardim das folhas mortas*, *Também há flores no céu*, *A felicidade dos outros*, *Paraíso perdido*. Na Nacional, tornou-se o principal produtor do *Programa César de Alencar*. Escreveu dezenas de peças de teatro, 230 livros e chanchadas da Atlântida, como *Este mundo é um pandeiro* e *Falta alguém no manicômio*. A grande criação de Soveral, porém, foi o agente secreto K. O. Durban, um misto de 007 e Rambo, que protagonizava as mais delirantes aventuras de espionagem (a imaginação do autor corria solta) e namorava todas as mulheres do mundo. Hélio do Soveral morreu no dia 21 de março de 2001, em Brasília, atropelado por um motoboy.

HEMÍLCIO FROES

Ex-diretor da Rádio Nacional, ator e produtor de programas. Em 1964, era presidente do Sindicato de Radialistas da Guanabara e diretor da Federação Nacional dos Radialistas. Em conseqüência, após o Golpe Militar de 1° de abril, foi demitido da Rádio Nacional e preso. Escreveu *Vésperas do Primeiro de Abril*, editado pela Rocco, no qual conta os episódios que conduziram ao pronunciamento militar. Apesar de tudo, foi contratado pela TV Globo, onde pôde retomar suas atividades artísticas. Morreu em 26 de abril de 2005.

JONAS GARRET

João Anastácio Garreta Prates nasceu no dia 11 de maio de 1921, na cidade de Jaboticabal (SP). Ator e apresentador de programas, sobretudo de musicais. Foi demitido em 1964, logo após o golpe militar, sob a acusação de pertencer ao PCB.

JORGE CURY

Nasceu em Caxambu, em 1920. Em 1943, foi contratado pela Rádio Nacional. O primeiro artista que apresentou foi Violeta Cavalcanti. Como locutor comercial, participou de toda programação nobre da emissora. Em 1944, estreou na transmissão esportiva em razão de problemas de saúde do locutor titular, Gagliano Netto. Trabalhou 28 anos na Nacional. Considera um capítulo particular na sua vida profissional os 16 anos que animou a *Hora do pato*.

JOSÉ MAURO

Nasceu em Cataguazes, em 1916. Iniciou suas atividades profissionais como repórter de *A Noite*, em 1935. Foi diretor artístico da Rádio Nacional de 1939 a 1946. Produtor, em conjunto com Haroldo Barbosa, Almirante e Radamés Gnatalli, de vários programas que entraram para a história da emissora, como *Um milhão de melodias*, *Rádio Almanaque Kolynos*, *Instantâneos sonoros do Brasil*. Entre as novelas que escreveu destacam-se *Encontrei-me com o demônio*, *Abismo e A sombra de Berenice*, todas dirigidas por Victor Costa e apresentadas no horário nobre das 21 horas. Foi um pioneiro e é considerado, até hoje, um gênio da radiofonia brasileira. Morreu em 2004.

LÚCIA HELENA

Izilda Rodrigues Alves nasceu em Franca (SP), onde começou a trabalhar na rádio local. Em 1941 veio para o Rio de Janeiro e, após um teste com Victor Costa, passou a ocupar o cargo de locutora. Foi locutora de todas as novelas e da maioria dos programas que a Rádio Nacional irradiou a partir de 1942. Ficou conhecida pela locução que fazia no *Programa Francisco Alves*, levado ao ar ao meio-dia dos domingos. Escreveu vários programas, entre os quais *Boa tarde, madame*, *Rei da voz e Sala de visitas*. Durante a Segunda Guerra Mundial, irradiou diretamente para a Europa o programa da FEB e da LBA, com leitura de mensagens aos expedicionários brasileiros.

MANOEL BARCELLOS

Manoel Barcelos Pancinhas nasceu em Pelotas (RS), em 13 de novembro de 1911. Foi durante anos presidente da ABR, associação da classe dos radialistas, desenvolvendo um importante trabalho de assistência social voltado para os seus membros. Na Rádio Nacional, comandou o *Programa Manoel Barcelos*, que ia ao ar às 10h30 das quintas-feiras.

MÁRIO LAGO

Nasceu no Rio de Janeiro, no dia 26 de novembro de 1911. Em 1933 fez sua estréia como autor de teatro de revista, com a peça "Flores à Cunha". Dois anos depois, compôs a sua primeira música, uma marcha carnavalesca chamada "Menina, eu sei de uma coisa", em parceria com Custódio Mesquita. Em 1938, ainda com Custódio Mesquita, lança a música Nada além; em 1940, com Roberto Roberti, compõe Aurora; e, em 1942, com Ataulfo Alves, lança Ai, que saudade da Amélia, seu maior sucesso. Na Rádio Nacional, produziu o programa *Doutor Infezulino*. Escreveu o seriado *Presídio de mulheres*, que foi ao ar diariamente durante cinco anos. Produziu *Marlene, meu bem*. Trabalhou como ator em diversas novelas – e continuou a compor, tendo feito, com Chocolate, a música "É tão gostoso, seu moço", gravado por

Nora Ney. Em 1964, foi demitido da Nacional, tendo ficado preso, na ocasião, por 58 dias. Passou por dificuldades financeiras, mas aos poucos foi sendo aproveitado na televisão, principalmente pela TV Globo. Escreveu inúmeros livros, entre os quais *Na rolança do tempo* e *Reminiscências do sol quadrado*. Mário Lago faleceu em 31 de maio de 2002.

MAX NUNES

Nasceu no Rio de Janeiro, em 1922. Depois de uma passagem pela Rádio Tupi, assinou contrato, em 1948, com a Nacional, onde lançou *Rua 42*, *Cine Metro e Meio*, *Enquanto o mundo gira*, *Show Oito ou Oitenta* e *Doutor Infezulino*. Seu programa de maior sucesso foi o *Balança mas não cai*, cujos melhores tipos eram o Primo pobre e o primo Rico, e o Peladinho, torcedor do Flamengo, que popularizou o termo "mengo". Em 1952, voltou para a Tupi. Considera o rádio daquela época mais criativo e bem mais inteligente que a televisão.

MILTON RANGEL

Milton Salgado Rangel nasceu em Maria da Fé (MG), no dia 19 de maio. Na Rádio Nacional, ganhou expressão desempenhando o papel de *Jerônimo, o herói do sertão*, além, é claro, das inúmeras novelas de que participou.

MOISÉS WELTMAN

Graças a um pedido de Mário Lago, **Moisés Weltman** conseguiu colocar na Rádio Nacional a novela *Apenas uma palavra*. Foi sucesso. Escreveu outra, *Dama de negro*. Sucesso maior. Então, Weltman ofereceu a idéia de escrever *Jerônimo, o herói do sertão*. O sucesso, então, foi retumbante: foram 14 anos no ar, revistas em quadrinhos, filmes. Ainda hoje *Jerônimo* é uma referência.

NESTOR DE HOLANDA

Nestor de Holanda Cavalcanti Neto nasceu em Vitória de Santo Antão (PE), no dia 1º de dezembro de 1921. Compositor, escritor, jornalista, produtor de rádio e televisão, teatrólogo, Nestor de Holanda teve uma passagem importante pela Rádio Nacional. Como compositor, foi parceiro de Luiz Gonzaga, Ary Barroso, Ismael Neto, Haroldo Lobo e muitos outros. Escreveu romances, como *Jangadeiros*, livros de viagens, como *O mundo vermelho*, e o importante *Memórias do café Nice*. Faleceu em 14 de novembro de 1970, na cidade do Rio de Janeiro.

ODUVALDO VIANA

Um dos maiores e mais destacados autores de novelas da Rádio Nacional. Só o fato de se anunciar um trabalho seu despertava desusado interesse. Escreveu também para o teatro.

ORANICE FRANCO

Nasceu em São João del Rey (MG). Um dos melhores redatores de programas da Rádio Nacional. Produziu programas como *As novas mil e uma notas*, *O Gato de Botas* e *A alma encantadora das ruas*. A primeira novela que escreveu foi *Clarice*. Escreveu e produziu *Histórias do tio Janjão*, um programa para os ouvintes da faixa de até 12 anos. Chefiou a redação da PRE-8, época em que escreveu, diariamente, a "Crônica da cidade", de grande audiência, lida por César Ladeira.

PAULO GRACINDO

Nasceu em Maceió (AL), em 16 de junho de 1911. Foi locutor, ator, apresentador, produtor e compositor. Na Rádio Nacional, obteve muito sucesso como apresentador do programa de auditório que levava o seu nome e como ator, tendo trabalhado em novelas e humorísticos. O seu mais famoso personagem como radioator foi o de Albertinho Limonta, na novela *O direito de nascer*. Nos humorísticos, ganhou fama com o personagem Primo Rico. Foi narrador do famoso programa *Rádio Almanaque Kolynos*. Demitido da Nacional, em 1964, sob a acusação de ser subversivo, obteve destaque como ator de novelas de televisão.

PAULO ROBERTO

O médico e radialista José Marques Gomes (o nome de batismo de Paulo Roberto) nasceu em 10 de outubro de 1903, na localidade mineira de Dom Silvério. Antes de ser radialista, dedicou-se exclusivamente à medicina, tendo morado em Montes Claros, onde fundou o primeiro hospital da cidade. Ao retornar ao Rio de Janeiro, sentiu-se atraído pelo rádio, que, aos poucos, ia se consolidando como um extraordinário meio de comunicação. Na época, o médico e o radialista trabalharam juntos. Especializou-se em obstetrícia. Na Rádio Nacional, lançou a campanha "Dêem arvores ao Brasil!". Sua voz atingiu o país através de programas da mais alta qualidade, como *Bandeiras da Liberdade*, *Gente que brilha*, *Nada além de dois minutos*, *Honra ao mérito*, *Obrigado, Doutor* e *A lira do Xopotó*. Compositor, é autor de "Vagalumeando", música gravada por Elizete Cardoso. Paulo Roberto era um humanista e foi um dos fundadores do Partido Socialista Brasileiro. Talvez, por isso, em 1964, tenha sofrido perseguições políticas, sendo demitido, com tantos outros companheiros, da Rádio Nacional. Segundo Renato Murce, "Paulo Roberto foi um dos maiores radialistas desta terra. Todas as suas criações traziam a marca da inteligência, da cultura e de um profundo sentimento humano, difícil de ser igualado e muito menos ultrapassado". Paulo Roberto morreu em fevereiro de 1973, aos 69 anos de idade. Foi, sem dúvida, um dos expoentes do rádio brasileiro.

PAULO TAPAJÓS

Paulo Tapajós Gomes nasceu no Rio de Janeiro em 20 de outubro de 1915. Estudou música com o maestro Lorenzo Fernandes, piano com Maria Siqueira e canto com Cecília Rudge e Riva Pasternak. Em 1927, com os irmãos Haroldo e Osvaldo formou o trio vocal Irmãos Tapajós. Em 1942, passou a cantar sozinho na Rádio Nacional, além de atuar no Departamento Artístico da emissora. Em 1943, formou com os cantores Nuno Roland e Albertinho Fortuna o Trio Melodia, para atuar exclusivamente no programa *Um milhão de melodias*. Em 1948, após uma breve passagem pela Rádio Tupi, tornou-se diretor artístico da Nacional, cargo no qual permaneceu até aposentar-se 26 anos depois. Na Rádio Nacional criou os programas *Quando os maestros se encontram*, *O assunto é música*, *A pausa que refresca* e *Quando canta o Brasil*, entre outros. No início dos anos 50, criou um dos mais famosos programas da PRE-8: *A turma do sereno*, um reencontro da música com a rua mal iluminada pelos lampiões a gás. Compôs inúmeras canções, tendo como parceiros Vinicius de Moraes ("Canção da noite" e "Loura ou Morena", entre outras), Nelson Gonçalves ("Vem amor" e "Amor perfeito"), Humberto Teixeira ("Eu vou pro Ceará"). Foi, antes de tudo, um estudioso: acumulou um importante acervo de documentos, manuscritos originais, partituras, discos, livros, revistas, recortes e impressos. Paulo Tapajós morreu no Rio de Janeiro, em 29 de dezembro de 1990.

RENATO MURCE

Um pioneiro do rádio brasileiro. Produtor de inúmeros programas radiofônicos, entre os quais *Almas do sertão* e *Piadas do Manduca*. Foi também responsável pelo sucesso de cantores e atores famosos, como Chico Anísio, Agnaldo Rayol, Baden Powell, Luiz Gonzaga e Ângela Maria, todos descobertos no seu programa *Papel Carbono*.

Paulo Tapajós

Foi casado com a atriz Eliana Macedo, com quem atuou no filme *Rio Fantasia*. Escreveu *Os bastidores do rádio*, resultado de uma valiosa experiência, que começou quando a potência das antenas não ia além das fronteiras do Rio de Janeiro. Murce faleceu aos 86 anos, em 26 de janeiro de 1987.

ROBERTO FAISSAL

Iniciou sua carreira na Rádio Nacional em 1943, fazendo pontas em novelas e programas montados. Depois de um breve período em São Paulo, retornou à PRE-8. Exerceu, também, as funções de encarregado da seção de sonoplastia do Departamento de Radioteatro da Rádio Nacional. Tornou-se um dos mais famosos astros das novelas da Nacional.

SAINT-CLAIR LOPES

Começou na Rádio Educadora, onde fez de tudo: era locutor, programador, discotecário, redator de publicidade, produtor, radioator e ensaiador. Em 1939, foi para a Rádio Nacional. Participou da primeira novela radiofônica, *Em busca da felicidade*. Trabalhou, ainda, na famosa novela *O direito de nascer*, fazendo o papel de Dom Rafael de Juncal. Fez, também, o personagem Sombra, o magistral detetive que durante seis anos encheu as noites de terças-feiras com as suas emocionantes aventuras. Fazia tanto sucesso que uma de suas fãs deixou para ele, via testamento, uma soma em dinheiro e um sítio no interior do estado do Rio de Janeiro.

VICTOR COSTA

Uma das figuras mais importantes do rádio brasileiro e, especialmente, da Rádio Nacional. Depois de dirigir e fazer o radioteatro progredir na Rádio Nacional, passou à direção da PRE-8, época em que a emissora apresentou o seu período de maior desenvolvimento.

REINALDO DIAS LEME

Locutor, produtor, apresentador de programas, parceiro musical de Antonio Maria, Ismael Neto, Luiz Bonfá, Lúcio Alves e Valzinho, em composições gravadas por Nora Ney, Vera Lúcia, Zezé Gonzaga, Tito Madi, Heleninha Costa e Os Cariocas, entre outros. Foi crítico musical. Nasceu em 3 de março de 1926 e morreu em 25 de junho de 1974 em Campinas (SP). Durante oito anos foi o apresentador do *Programa Francisco Alves*, aos domingos, na Rádio Nacional.

Saint-Clair Lopes

Depoimentos

RODNEY GOMES,

radioator da Rádio Nacional

Fui contratado pela Rádio Nacional no dia 14 de julho de 1949. Eu tinha 13 anos de idade, nasci em 1936. Naquele tempo, a Nacional exigia que o pretendente a um emprego fizesse um teste, uma espécie de prova de admissão na presença de uma comissão julgadora. O meu teste foi com uma das maiores atrizes da Rádio Nacional, a Isis de Oliveira, uma das vozes mais belas do rádio brasileiro. Fizemos uma cena juntos e eu fui aprovado pela comissão, da qual fazia parte o Floriano Faissal, um sujeito muito exigente. Uma semana depois, eu estava contratado. Tenho muita saudade daquele tempo mágico. Continuo trabalhando como dublador e diretor de dublagem. A Rádio Nacional pagava muito mal, mas dava um prestígio enorme aos seus artistas. Imagine que eu viajava muito, pelo interior do Rio de Janeiro, de Minas e de São Paulo. Nós éramos reconhecidos pela voz. Uma vez, chegamos a uma cidade, eu, o Brandão Filho e o Jonas Garret. Na estação perguntamos a um cidadão onde ficava o teatro e ele, os olhos arregalados, foi logo dizendo: "O senhor não é o Jonas Garret?" Como o Paulo Gracindo não gostava de viajar, eu fazia, com o Brandão Filho, o quadro do "Primo rico e do primo pobre". Era um estouro. Tenho muito orgulho de ter participado da grande aventura que foi a Rádio Nacional. Era uma fonte de gente talentosa, de muito preparo artístico.

Rodney Gomes, 69 anos, reside em Niterói.

GERDAL DOS SANTOS,

radioator da Rádio Nacional

Em 1953, fui para a Rádio Nacional, levado pelo fotógrafo dos artistas, Haulfeld. Até então eu trabalhava na Rádio Globo. Na Nacional, estreei no programa de Helena Sangirardi, *Consultório sentimental*. Trabalhei muito em novelas e seriados, como *Jerônimo*, *As aventuras do Anjo* e o *Cavaleiro da noite*. Nesse último, eu fazia o companheiro do Cavaleiro da noite, um herói tipo Zorro, que era feito pelo Roberto Faissal. Quem fazia a namorada do Cavaleiro da noite era a Isis de Oliveira. Trabalhei também no programa *Histórias do tio Janjão*, apresentado pelo Álvaro Aguiar e escrito pelo Oranice Franco. Era um programa educativo. Os pais escreviam para o programa, e o Álvaro Aguiar mandava um recado para as crianças: "Olha, fulano, você não está estudando", coisas desse tipo. Eu fazia, no Tio Janjão, um quadro com o Altivo Diniz: eu era o ratinho Tonico e o Altivo fazia o gato Peixoto. Fiz, ainda, um grande programa, *Teatro de mistério*, com Rodolfo Mayer, o inspetor Marques, lembra-se? Eu fazia o detetive Zito, auxiliar de Marques. O *Teatro de mistério* era escrito pelo Hélio do Soveral e dirigido pelo próprio Rodolfo Mayer. Quando eu e o Rodolfo fomos demitidos da Nacional em 1964, o Hélio do Soveral nos procurou e disse que não iria manter os nossos personagens. Eles simplesmente desapareceram, sendo substituídos pelo inspetor Santos e por um outro auxiliar, cujo nome não me recordo. A grande frustração do artista da Rádio Nacional foi a não-criação da TV Nacional! Era o grande sonho de todos! Esperamos por mais de dez anos por isso, e nada. Foi uma tremenda frustração. Mas a televisão que se faz hoje teve origem no rádio, especialmente na Nacional. Foi um período muito bonito da minha vida. Apesar das dores e dos sofrimentos, valeu a pena.

Gerdal dos Santos, 75 anos, mora em Copacabana, Rio de Janeiro.

JOEL RUFINO DOS SANTOS,

escritor, ouvinte da Rádio Nacional

A Rádio Nacional encheu meu imaginário de menino e adolescente. Minha família era bíblia (crente, evangélica, aleluia...) e tentava reprimir o nosso gosto pelo rádio. O rádio era do mundo: Geraldo Pereira, Jorge Veiga, Araci de Almeida, Ghiaroni... Mas nenhuma lembrança como essas: Ninon Sevilha, Félix Caignet, *Programa César de Alencar*. "Esta canção nasceu pra quem quiser cantar/ Canta você, cantamos nós até cansar/Prepare a mão, é só bater/Pra decorar vou repetir o meu refrão /Prepare a mão, bate outra vez/ Que este programa pertence a vocês!..." Se a memória me traiu, corrija. Nem o gosto de lembrar direito conservamos no mundo veloz de agora. Os meninos daquele tempo ou eram Rádio Nacional ou Tupy. Eu era Nacional e, portanto, César de Alencar, Emilinha, Ademir Menezes, Getulio Vargas. César Ladeira talvez fosse melhor do que o Alencar, Marlene era melhor cantora que Emilinha, Zizinho jogava infinitamente mais que Ademir, e Getulio... O mundo estava partido entre União Soviética (eu era essa) e Estados Unidos, entre PTB (eu era esse) e UDN, e nós, por conseguinte, éramos meninos partidos. Quando eu refleti sobre minha partição de menino e aceitei que podia escolher minhas identidades (e lealdades) sem ser Rádio Nacional ou Tupy, já não era menino. Mas tenho saudade.

Joel Rufino dos Santos, 64 anos, mora no Leblon, Rio de Janeiro.

DALVA CONDE AGUIAR,

aposentada, ouvinte da Rádio Nacional

Eu gostava muito da Rádio Nacional. O rádio lá de casa ficava sempre ligado, de manhã à noite. Eu ouvia novela, gostava muito dos cantores. Foi uma época muito bonita. Sinto saudades.

Dalva Conde Aguiar, 85 anos, mora no Flamengo, Rio de Janeiro.

WILSON PIZZA JÚNIOR,

aposentado, ouvinte da Rádio Nacional

Os primeiros sons da infância vêm de dentro da casa: voz da mãe e da irmã, do pai e de uma caixa que passava o dia todo falando. Acompanhando as costuras, novas ou refeitas, temperando merendas e refeições, a Rádio Nacional estava sempre presente, mas nunca era a mesma. Tudo mudava. Crescendo, aprendi a conhecer e distinguir os diferentes sons, nomes, programas, dias e horas em que chegavam, pontuais. As vozes das artistas remetiam sempre a mulheres bonitas, perfeitas, Dulce Martins, Isis de Oliveira. Dos atores, moduladas com vigor e beleza, davam o timbre exato da minha própria, melhor, da que certamente seria. Álvaro Aguiar e Roberto Faissal falavam por mim. E as horas todas do dia e os diferentes dias da semana passavam de leve na expectativa do que vinha: *Repórter Esso*, *Seu criado obrigado*, *As sensacionais aventuras do Anjo*, *Jerônimo, o herói do sertão*. Às sextas-feiras, Peladinho, no *Balança mas não cai*, aumentava a glória e a torcida rubro-negra. Aos domingos, uma festa inteira antes de dormir: *Nada além de dois minutos*, *Tancredo e Trancado*, *Piadas do Manduca*. E cantores (os melhores) e cantoras (as melhores), e a *Hora do pato*, e as partidas de futebol, mostrando mais do que acontecia em campo. O que não víamos, imaginávamos, e isso fazia toda a diferença. *Histórias do tio Janjão* mostravam bichos e gente em finais sempre felizes. Criança encolhida, esperava atento o relato muito anunciado do Cabritinho Medroso, na expectativa de que a receita de perder o medo também coubesse em mim. Mas medo de quê? Hoje, sexagenário, espectador e ouvinte de maquininha infernal que trocou a fantasia e a reconstrução de temas e cenários por quadros acabados e pelo *merchandising*, acho que sei: medo de que as historinhas acabassem. E acabaram...

Wilson Pizza Júnior, 61 anos, mora no Humaitá, Rio de Janeiro.

ALFREDO DOS SANTOS ARAÚJO,
alfaiate, fã de Ângela Maria

Morei muitos anos no Rio. Pensei até que iria morrer por lá. Eu ia sempre à Rádio Nacional. Minha mulher, que já morreu, ia comigo. Ela gostava da Emilinha Borba, mas eu gostava mesmo era da Ângela Maria. Gostava tanto que minha mulher tinha ciúme, acredita? Mas a Ângela Maria cantava demais. Tenho muitos discos dela. Eu gostava muito de ir à Rádio Nacional, ia assistir ao *Programa do César de Alencar*. Ouvi muita novela, minha mulher acompanhava todas as novelas, e eu ouvia. Fui muito ver o *Programa Paulo Gracindo*. Era um tempo muito gostoso, mágico. Pena que ele acabou, e não volta mais. Ah, saudade...

Alfredo dos Santos Araújo, 74 anos, mora em Curitiba.

TERESA GARBAYO DOS SANTOS,
aposentada, ouvinte da Rádio Nacional

A Rádio Nacional representou para mim – filha de emigrantes espanhóis – um verdadeiro aprendizado sobre o Brasil. Meus pais chegaram aqui no início dos anos 1940, expulsos inicialmente da Espanha pelo franquismo e depois da Europa pela guerra. A nossa família viveu em exílio permanente, em especial meu pai, abso-

lutamente nostálgico, chorando ao ouvir a música da sua terra, lendo poesias em voz alta, proibindo que se falasse português em nossa casa, sonhando intensamente com a volta a uma Espanha livre da tirania. A Rádio Nacional, que eu ouvia diariamente, me trouxe aos poucos o Brasil – o seu encanto, a sua gente, a sua música, o seu humor – e foi fundamental na formação da minha identidade, no aprendizado da língua e no meu sentimento de pertencimento a esta terra. O Anjo, *Jerônimo, herói do sertão*, César Ladeira e suas crônicas sobre o Rio de Janeiro, o outro César, o de Alencar, Nora Ney, Dalva de Oliveira, Lamartine Babo, *Balança mas não cai*, com Paulo Gracindo e tantos outros, Chove lá fora, Os Rouxinóis, Francisco Alves, Orlando Silva, Nelson Gonçalves, A deusa da minha rua, Minha linda normalista povoaram a minha infância e adolescência. Foram meus heróis e heroínas, deixando para trás toda a grandeza de Dom Quixote, Sancho Pança e Dulcinéia.

Teresa Garbayo dos Santos mora no Leblon, Rio de Janeiro.

ADEMILDE FONSECA,
cantora da Rádio Nacional

Trabalhei dez anos na Rádio Nacional, a partir de 1954. Quem me levou para a *Rádio Nacional* foi o Paulo Tapajós, que acabou se tornando o meu maior amigo na Nacional. Antes, eu estava na Tupi, mas a Tupi atrasava demais os salários. Benedito Lacerda também me ajudou muito. Mas a Rádio Nacional era o sonho do artista, e o meu, é claro. A Rádio Nacional dava muita projeção aos artistas. Eles eram ouvidos, reconhecidos pelo público, ficavam famosos. Vivi, com grande orgulho, a época de ouro da Nacional, uma época que infelizmente acabou sem deixar herdeiros. Uma pena, por exemplo, que não tenha hoje um apresentador como César de Alencar. E os cantores brasileiros? Não há muita gente com o talento que a maioria dos cantores da Rádio Nacional tinha. Éramos um *cast* da melhor qualidade. Éramos como uma faculdade. Estávamos sempre criando coisas e programas novos. Trabalhar na Rádio Nacional era o máximo para o artista. Tinha uma coisa negativa, apenas, em trabalhar na Rádio Nacional: era me arrumar toda, com um vestido apropriado, enfeites, colares e chegar lá e não estar escalada para o programa. Às vezes acontecia isso, de trocarem um artista por outro em cima da hora. Outra coisa ruim eram as brigas entre os fãs da Emilinha e os da Marlene. Uma vez eu vi uma fã da Marlene ir atrás de uma fã da Emilinha, e bater nela. A rivalidade entre as duas cantoras era enganosa, depois se descobriu que eram bem amigas. Eu me especializei em cantar chorinho, embora tenha cantando samba também. Meus maiores sucessos foram "Tico-tico no fubá", "Delicado", "Brasileirinho" e "Pedacinhos do céu". "Galo Garnisé" foi outro sucesso, mas não tanto quanto os citados. Minha voz me ajudou muito. Um americano disse que minha voz parecia um cavaquinho. Hoje em dia meu contato com os artistas daquela época é mais gostoso. Emilinha, Marlene, Roberto Silva, Dóris... Uma coisa que aconteceu agora é que voltou o Projeto Pixinguinha, participei de alguns shows e não é só gente velha que aparece não. Os jovens participam muito. Eu não saberia fazer outra coisa, desde os 4 anos que canto.

Ademilde Fonseca, a Rainha do chorinho, 84 anos, mora no Rio de Janeiro.

ADELAIDE CHIOZZO,

cantora da Rádio Nacional

Ah! A saudade mata a gente! Tenho saudades daquela época da Rádio Nacional. O mito, a força, a capacidade que a Rádio Nacional tinha para juntar o povo eram o que mais me impressionava. A Rádio Nacional atingia o Brasil inteiro. Chegamos a fazer shows em mais de novecentas cidades. Quando chegávamos, éramos ovacionados, a multidão ficava enlouquecida. Tanto que, após alguns shows, fui obrigada a dormir na cadeia da cidade. Se ficasse no hotel, os fãs invadiriam, quebrariam tudo. Eu era muito conhecida por causa da Rádio Nacional e dos filmes que fazia com Ivon Cury, Francisco Carlos... Nunca estudei música. Minha família veio de São Paulo, e papai montou uma fábrica de móveis em Niterói. Eu ficava com ele, nos fundos, tocando acordeão. Um dia, passou um senhor e ficou me ouvindo. Foi falar com meu pai, pediu para me levar no *Programa Renato Murce*. Meu pai disse que meu irmão também tocava e fomos nos apresentar juntos como os Irmãos Chiozzo. Toda semana se apresentavam vários candidatos e quem tirasse o primeiro lugar era selecionado para concorrer na semana seguinte, e nós fomos tirando primeiro lugar. Fomos, então, contratados para ficar tocando no *Regional Dante Santoro*. Depois disso, o Victor Costa me contratou como cantora. Acabei ficando 26 anos na Rádio Nacional. Só saí quando ela acabou. Fiquei muitos anos sem visitar o prédio. Quando fui lá uma vez fiquei muito triste de ver o estado de abandono, a Rádio toda destruída. Mas agora o novo diretor, Cristiano Menezes, conseguiu reformar a Rádio, que está linda. Minha maior amiga na Rádio Nacional foi a Emilinha. Briga na Rádio nunca tive. Só teve uma vez em que eu concorria a Rainha do Rádio, e a Carmélia Alves deu os votos dela para a Mary Gonçalves, que acabou ganhando de mim por uma diferença mínima e com os votos de outra. Fui a primeira artista televisionada da Rádio Nacional. Na época, acho que em 1949, a Nacional recebeu uma TV da França. O Victor Costa disse que eu seria a primeira a me apresentar. Fui vestida de "gauchinha" com o meu irmão. Foi uma experiência inesquecível. Só havia um aparelho de televisão na Casa Neno, e o povo ficou na rua, em cima das árvores para me ver na TV. Meu chão é o palco. Posso estar doente que no palco acaba tudo. Se pudesse voltar o tempo, faria tudo de novo, com todas as dificuldades, criando filhos, cuidando da casa, cantando. Casaria com o mesmo marido, Carlos Mattos. Meu marido foi maravilhoso, ótimo companheiro, bom pai, um músico maravilhoso. Tive uma vida feliz!

Adelaide Chiozzo,74 anos, mora no Rio de Janeiro.

CAUBY PEIXOTO,

cantor da Rádio Nacional

Sempre falaram muitas coisas sobre mim que não eram verdadeiras. Mas nunca reclamaram da minha voz. Se eu pudesse voltar o tempo, faria as mesmas coisas: sou cantor romântico e assim seria de novo. Nunca mais houve nada parecido com os anos dourados da Rádio Nacional. As lembranças mais impressionantes da época, para mim, foram as vezes em que tive contato, por meio da Rádio Nacional, com os maiores astros, e quando me vi junto a grandes maestros, como o Radamés Gnatalli, que nos davam orientação. Foi uma realização geral, era ali que estavam esses gênios todos. Não houve nada negativo na Rádio Nacional para mim. Tudo eram flores. Nada era arranjado, tudo era espontâneo, tantos as manifestações dos fãs para com os artistas, como de nós para eles. Era um amor natural: toda semana o auditório ficava lotado. Eu era o mais carismático. Fizeram uma pesquisa na época entre as cantoras, e me elegeram o mais querido. Eu cheguei a pensar que tinham sido só alguns votos, parcialmente, mas não: foi unânime. Minha entrada no rádio foi uma coisa engraçada. Eu cantava em um programa noturno, só músicas em inglês (canções de Natal, como "*White Christmas*") e *jingles*. As cantoras – Emilinha, Ângela Maria e Dolores Duran – me incentivaram a cantar de dia, mas eu achava que não podia, porque nunca tinha sido convidado. Aí elas foram ao Victor Costa, dizendo que ele tinha de me chamar para cantar de dia. E que se não me chamasse, elas sairiam da Rádio Nacional. Foi então que comecei realmente. A partir disso, procurei e tive ajuda de empresários maravilhosos que me davam ótimas idéias. Uma delas foi o seguro da voz. Era o meu instrumento de trabalho e, afinal, as meninas desmaiavam quando eu cantava. Então eu fiz o seguro de 3 milhões, que na época era um dinheiro absurdo. Aí foi todo mundo falando sobre isso, as revistas começaram a dar fotos e notas sobre o fato. Isso me ajudou muito. Meu sucesso se deve às fãs e à imprensa. Agradeço à imprensa porque sei o valor que tem uma foto, uma matéria, quando a gente aparece aí. Agradeço às fãs até hoje pelo caminho que tive graças a elas. Inimigos, na Rádio Nacional, nunca tive. Sempre tratei bem todos os meus colegas. Tive apenas um rival: Francisco Alves. Ele jogava as fãs dele contra mim. E eu sabia que ele não dava importância às fãs mais moreninhas, às que eram mais "simples". Ele só gostava das fãs bonitas, das "clarinhas". E eu procurei chegar perto dessas fãs, conversava com elas, dava atenção e elas passavam a ser minhas fãs. Na Rádio Nacional, aconteciam muitos namoros escondidos. Quando fui para São Paulo, estava apaixonado pela Ângela Maria, mas ela já estava casada. Acabamos ficando apenas amigos. Sempre nos respeitamos muito. Hoje eu passaria uma peneira na TV, colocaria mais música brasileira no ar.

Cauby Peixoto, 74 anos, mora em Copacabana, Rio de Janeiro.

ÂNGELA MARIA,
cantora da Rádio Nacional

Faria tudo de novo. Fui muito amada. Só tive experiências maravilhosas na era da Rádio Nacional. Foi uma época de ouro. Todos gostavam de mim, todos gravavam, todos ganhavam bem para os padrões da época. Não conheço ninguém que tenha ficado rico, mas todos estão bem. Foi uma época bonita e alegre. Eu viajava a semana inteira. Tinha programas em São Luiz, em São Paulo, em Salvador e também no Rio de Janeiro. Os compositores da Rádio Nacional tinham mais "cabeça" que os de hoje, faziam canções que contavam uma história com começo, meio e fim. Os concursos para Rainha do Rádio eram um sucesso: estavam construindo um hospital para os artistas e a renda obtida com os concursos ia toda para a obra. Eu fui a Rainha que mais ganhou votos. A festa de coroação foi realizada no Teatro João Caetano. Foi muito linda. Cantei nos programas de auditório do Manoel Barcelos, do César de Alencar... Eu chegava às vezes em carro de polícia. Tinha de entrar pelos fundos do prédio, pela oficina, por causa das fãs. Se eu chegasse pela porta principal, teria as roupas rasgadas, como o Cauby, que sempre acabava assim. Dizem que a roupa dele era só alinhavada, para facilitar a ação das fãs... Meu maior amigo na Rádio Nacional foi o Cauby Peixoto. Ele era muito gentil comigo. Foi amigo mesmo! Até hoje mantenho contato com ele, com a Emilinha, com a Marlene, sempre houve uma forte amizade entre nós. Se outros colegas chegaram a me invejar, se tive inimigos na Rádio, eu nunca tomei conhecimento. Era muito querida pelos colegas e pelos fãs. E quando a TV chegou, só senti meu sucesso duplicar.

Ângela Maria, 77 anos, mora em São Paulo.

ZEZÉ GONZAGA,
cantora da Rádio Nacional

Quem me levou para a Rádio Nacional foi o Nuno Roland, que me levou ao Victor Costa. Isso foi em 1948, e eu estava trabalhando no Rádio Clube. O Victor Costa foi muito afável no nosso primeiro encontro. Ele se sentou no braço da poltrona em que eu estava, e fez uma pergunta direta: "Você quer vir cantar na Nacional?" Aceitei, mas tive de cumprir meu contrato com a Rádio Clube. Eu ganhava trezentos cruzeiros, e o Victor me ofereceu 2.500, veja só! Eu não tinha noção de dinheiro, de modo que eu recebi o convite com a maior naturalidade. Fiz um teste, sem saber que estava fazendo um teste. Victor Costa me chamou para cantar num programa interno, que, na verdade, era o tal teste. Cantei com o Regional do Dante Santoro para toda a diretoria da Rádio Nacional. Depois do teste, Victor Costa disse para a diretoria que "uma nova estrelinha estava nascendo na Nacional". Isso foi numa quinta-feira. No sábado, eu já estava participando do *Programa César de Alencar*. Eu fiquei vinte anos na Nacional. Foi uma emissora, uma verdadeira casa, que só me trouxe alegria, só me trouxe conhecimento musical. Na Nacional, eu só trabalhei com gente da melhor espécie, gente de muito, muito talento. Trabalhei com os grandes maestros da época: Radamés Gnatalli, Lírio Panicali, Gaia, Guerra Peixe, Ércole Vareto, Alberto Lazolli, Moacir Santos, Guaraná. Fiz com o Moacir Santos uma série linda de programas. Eram de músicas populares brasileiras orquestradas como se fossem músicas de câmera. Esses programas foram todos gravados, mas se perderam, não é uma pena? Lembrar-se disso tudo não é saudosismo! Foi uma época muito boa, durante a qual fizemos coisas de qualidade, que merecem ser recordadas. Minha voz se mantém firme, apesar da minha idade. Minha voz não

Que filme êle ia perder!
TARZAN
1. Quando o filme entrou finalmente em cartaz, a garotada delirou. O Marcos, o Paulinho, o Sérgio não cabiam em si de contentes. Vinham acompanhando tôda a série. Mas, igual àquele filme de Tarzan, nenhum!
2. Exatamente no dia marcado, Paulinho levantou-se com uma tosse bárbara, preocupando a mamãe...
3. Foi visitá-lo um amiguinho. Tivera tosse também, que passara, com um remédio gostoso que a mãe sabia...
4. — Por que a senhora não dá Xarope Peitoral de Scott ao Paulinho? É tiro e queda! — Vou experimentar! Só ficando bom êle pode ir ao cinema ver o Tarzan...
5. — Tome, Paulinho, é gostoso! É para ir ao cinema com o Sérgio e o Marcos.
6. O cinema quase veio abaixo quando Tarzan conseguiu dominar o inimigo. E lá estavam o Marcos, o Sérgio, tôda a garotada. Também lá estava o Paulinho, graças ao Xarope Peitoral de Scott.
Em dois tamanhos: FAMILÍAR e PEQUENO
XAROPE PEITORAL DE SCOTT
O Xarope Peitoral de Scott é alívio imediato para tosses, bronquites, catarros, pigarros e irritações da garganta. Exerce ação calmante suave, mas rápida. Graças a dois notáveis ingredientes, o Xarope Peitoral de Scott possui ação imediata contra a tosse: Cocilana, o expectorante sem igual, e Tiocol, radical desinfetante das vias respiratórias. Por isso, acaba mesmo com a tosse de grandes e pequenos. E por ser de gôsto muito agradável, é tomado com prazer pelas crianças.
XAROPE PEITORAL DE SCOTT

envelheceu comigo. Disso eu me orgulho. Continuo sendo a mesma pessoa que sempre fui. Eu, por exemplo, não tenho muito problema com o público jovem. Nos meus espetáculos, aqui no Rio, fui muito bem recebida pelos jovens, muitos dos quais ouviram os pais falarem de mim. A verdade é que o rádio é o nosso grande amigo: a gente ouve o que quer, onde quiser, na hora que for. A televisão é egoísta: a gente tem de ficar calada diante da tela. Com o rádio, isso não acontece: a gente pode andar pela casa e não perde nada.

Zezé Gonzaga, 79 anos, mora no Rio de Janeiro.

RICARDO CRAVO ALBIN,
jornalista e historiador da MPB

Desde que me conheço como gente ouvia a Rádio Nacional. Com uns 8 ou 9 anos já ouvia *O direito de nascer*, no horário nobre. Na sala, havia um lugar de honra para o aparelho de rádio Philco; ouvia junto com meus pais e meu irmão. Quando fui para o internato do colégio Pedro II, em 1953, comprei um rádio e escutava os programas sempre ao anoitecer. Cheguei a ir ao *Programa César de Alencar*, em 1954, que era aos sábados, à tarde. E os ingressos eram vendidos rapidamente, acabavam muito rápido. Eu só consegui ir ao programa graças a um ministro! E aí me encantei com os grandes artistas como Carmélia Alves, Emilinha, Dolores Duran, Blecaute, Ângela Maria, que fazia participação especial. No período de ouro, a Nacional significava o Olimpo da Radiofonia (a partir de 1936 e culminando nos anos 1950). Vivi dramaticamente a mudança do rádio para a televisão. Quando chegou a TV, minha mãe comprou uma, mas o rádio continuava a seduzir. Com o avanço da TV, é claro, diminuiu esse poder, mas não devemos esquecer que em carros, caminhões, entre os motoristas, o rádio ainda tinha força. Tenho muito orgulho de ter trabalhado na Rádio Nacional. Em 1985, no BNDES, reconstituí um dia na Rádio Nacional, que contou com a presença do Victor Costa, Emilinha, Marlene, Dóris Monteiro e muitos outros. Entrei na Rádio Nacional levado pelo presidente da Radiobrás, Pedro Paulo Ramos. Trabalhei lá a partir de 1976, com o programa *Canto maior*, aos domingos, das 8 às 9 horas. Cada domingo, um grande cantor ou cantora, como Sílvio Caldas e Elizete Cardoso, era revisitado e celebrado. O programa durou dois anos, sorteamos 45 LPs de Nelson Gonçalves e recebemos 5 mil cartas de ouvintes que queriam participar do sorteio. Fiz grandes amigos lá. Além das cantoras Emilinha e Marlene, a Carmélia Alves e o Gerdal dos Santos. Com Carmélia e Gerdal ainda mantenho contato. Mantive contato também com o Paulo Tapajós e o Floriano Faissal. Aliás, com estes eu trabalhei na Rádio MEC, onde continuo há mais de trinta anos.

Ricardo Cravo Albin, 65 anos, mora no Rio de Janeiro.

OTACÍLIO JOSÉ DA SILVA,
aposentado, ouvinte da Rádio Nacional

Antes de vir para Brasília, em 1962, eu morava em Ubá (MG), terra do Ary Barroso. Eu nasci em Ponte Nova, mas fui muito cedo para Ubá. Lá em casa o rádio estava sempre ligado, e sempre na Rádio Nacional. Meu pai gostava da Emilinha, minha mãe, da Marlene. Todos nós ouvíamos novela, pois tinha novela na Nacional desde a manhã até a noite. Meu herói preferido? Era o Inspetor Marques, um detetive que se metia em grandes aventuras, mas sempre esclarecia os crimes. Gostava também do Jerônimo. Se tenho saudades? Claro, pois eu sempre digo aos meus netos: o rádio era melhor do que a televisão. É isso mesmo, professor, posso parecer velho e atrasado, mas sempre preferi o rádio. Não qualquer rádio, mas a Rádio Nacional.

Otacílio José da Silva, 88 anos, mora em Ceilândia, cidade-satélite de Brasília.

VIOLETA CAVALCANTI,
cantora da Rádio Nacional

Fui contratada pela Rádio Nacional em 1941, onde permaneci por 16 anos. Era uma maravilha estar ali, era a rádio de maior sucesso. Tinha orgulho de pertencer ao *cast* da Rádio Nacional, pois ela só contratava o que de melhor havia entre cantores e radioatrizes. Hoje, eu sinto que a TV e a imprensa não dão tanto valor aos artistas brasileiros como se dava naquela época. Até hoje mantenho contato com Ellen de Lima, Carminha Mascarenhas e Carmélia Alves, por causa dos shows que fazemos como "As cantoras do rádio".

Violeta Cavalcanti, 82 anos, mora no Rio de Janeiro.

GILVAN BEZERRIL,
componente do Trio Irakitan

O Trio Irakitan foi contratado pela Rádio Nacional em 1954. Foi uma coisa curiosa: nós estávamos chegando do México, onde gravamos, filmamos, trabalhamos no rádio, na televisão e em boates. Enfim, ficamos uns três anos no México e tivemos muito sucesso. Pois bem, chegamos à Nacional e tivemos de fazer um teste diante de uma comissão formada por Paulo Tapajós, Ismael Neto e Paulo Neto. Fizemos o teste. Aí, o Paulo Tapajós chegou perto da gente e disse: "Infelizmente... não posso dar uma nota maior do que dez!" Ficamos na Rádio Nacional por dez anos. Fizemos um programa de muito sucesso chamado *Música e Beleza*, que ia ao ar às terças e quintas às 11h15. O programa era patrocinado pela Pond's, da qual éramos exclusivos. A Pond's só fazia programa conosco, mas nos liberava para participar de outros. Assim, nós participamos de todos os programas de auditório da Rádio Nacional, o do César de Alencar, o do Manoel Barcellos, o do Paulo Gracindo. Fizemos também o *Quando canta o Brasil*. A Rádio Nacional representou muito para o Trio Irakitan. Eu posso testemunhar a força da Nacional: nós íamos cantar nos outros estados, muitas vezes no interior, e era impressionante como o público nos conhecia, sabia quem nós éramos, conhecia o nosso repertório. Fizemos ainda 14 filmes, três dos quais nós tínhamos os papéis principais. A Rádio Nacional foi uma grande escola, mas nós, os artistas, fomos os professores.

Gilvan Bezerril, 75 anos, mora no Rio de Janeiro.

EMILINHA BORBA,
cantora da Rádio Nacional

A Rádio Nacional foi uma escola para mim e para muitos outros artistas que construíram a cultura musical e artística do Brasil nas décadas de 1940 a 1960. Ela me deu glória, fama, prestígio em todo o Brasil. É impossível lembrar-se da Nacional sem lembrar do meu nome e de mim

Você sabia?
No mês de setembro de 1956, a Rádio Nacional tinha no ar: 16 novelas, 10 programas de radioteatro (não seriados), 15 programas mistos, 22 programas de auditório e 6 programas especializados.

sem lembrar da Nacional. Fui e sou feliz e realizada como cantora. Cantar é minha vida e alegria. Ter meu público cativo é minha glória. Graças a Deus! Fiz o *Programa César de Alencar* todos os sábados por muito tempo. Outro programa era o do Paulo Gracindo, aos domingos. Ainda era chamada para quase todos os programas de auditório dessa querida emissora, como o do Manuel Barcelos às quintas-feiras, tendo como estrela principal a Marlene, *Um milhão de melodias*, com o Paulo Tapajós... Os fãs me aguardavam na portaria do Edifício A Noite, localizado na praça Mauá. O auditório ficava no 21º. andar desse prédio histórico. Ao chegar para qualquer apresentação era um tumulto só. Fãs querendo autógrafos, pedindo beijos e abraços, entregando milhares de cartas carinhosas que eu respondia com todo o meu carinho; presentes de todos os tipos imagináveis. Na hora da apresentação, ao entrar no palco, era ovacionada por longos minutos, sendo preciso a intervenção do apresentador do programa para silenciar os gritos e as palmas dos fãs. Por muitas vezes cantava sem ouvir a orquestra que me acompanhava por causa do canto do coro formado pelo meu querido auditório. Tenho boas lembranças principalmente da amizade do público, que até hoje me acompanha com o mesmo carinho de sempre. Os colegas que se tornaram meus fãs e os amigos que conquistei durante a minha carreira como cantora, muitos dos quais ainda comparecem onde sou anunciada, tudo isso me faz feliz. Não preciso dizer como a música, recordar é viver, pois até hoje continuo estrela. Graças à Rádio Nacional mantenho até hoje meu nome com muita dignidade. Da alta direção ao mais humilde dos funcionários, todos eram meus amigos. Dos apresentadores não posso esquecer o César de Alencar, bem como o Paulo Gracindo. O que foi muito bom não só pra mim, mas para todos os meus colegas, foi a parte orquestral. Grandes maestros como Radamés Gnatalli, Lírio Panicali, Leo Peracchi, Ercole Vareto, Maestro Chiquinho [Francisco Duarte]. Quem trabalhou na Rádio Nacional não poderá se esquecer a organização impecável dessa emissora. Jamais me esquecerei daqueles momentos tão bacanas. O auditório aonde os fãs podiam contar que encontrariam seus ídolos e, modéstia à parte, está aqui um desses ídolos – Emilinha Borba, a estrela da emissora. Não posso esquecer os grandes compositores que me entregaram músicas hoje consideradas antológicas... Os músicos fabulosos tanto das orquestras como dos regionais... O maior prazer de qualquer artista era saber que tinha músicos competentes para acompanhar. Na hora dos ensaios, o público comparecia em massa. Era uma festa só. Imagine o programa oficial no ar!

Emilinha Borba, 82 anos, mora no Rio de Janeiro.

Emilinha Borba

gostos diferem...
...mas quase todos preferem
Continental
uma preferência nacional
C-88.386
COMPANHIA DE CIGARROS SOUZA CRUZ

COMO ELAS ERAM CHAMADAS

ADEMILDE FONSECA
a Rainha do Chorinho

ÂNGELA MARIA
a Sapoti (apelido dado por Getulio Vargas) ou a Estrela do Brasil

DALVA DE OLIVEIRA
a Estrela Dalva do Brasil

EMILINHA BORBA
a Favorita da Marinha

CARMÉLIA ALVES
a Rainha do Baião

NEUSA MARIA
A voz doçura do Brasil ou a Rainha do *jingle*

COMO ELES ERAM CHAMADOS

ALMIRANTE
a Maior Patente do Rádio

LUIS GONZAGA
o Rei do Baião

VICENTE CELESTINO
a voz orgulho do Brasil

IVON CURY
o Chansonnier

RUY REY
o Rei do Mambo

MANEZINHO ARAÚJO
o Rei da embolada

ALVARENGA E RANCHINHO
os Milionários do riso

MAESTRO CHIQUINHO
o Maestro da Simpatia Popular

OLIVINHA CARVALHO
A mais brasileira das cantoras portuguesas

ROBERTO SILVA
o Príncipe do samba

BLECAUTE
o General da Banda

DÉO
o Ditador de Sucessos

CYRO MONTEIRO
o Cantor de Mil e Uma Fãs

SÍLVIO CALDAS
o Caboclinho Querido

CARLOS GALHARDO
o Cantor que Dispensa Adjetivos

ORLANDO SILVA
o Cantor das Multidões

FRANCISCO CARLOS
o Cantor Namorado do Brasil

FRANCISCO ALVES
o Rei da Voz

JORGE VEIGA
o Caricaturista do Samba

ALBERTINHO FORTUNA
o Menino-Revelação.

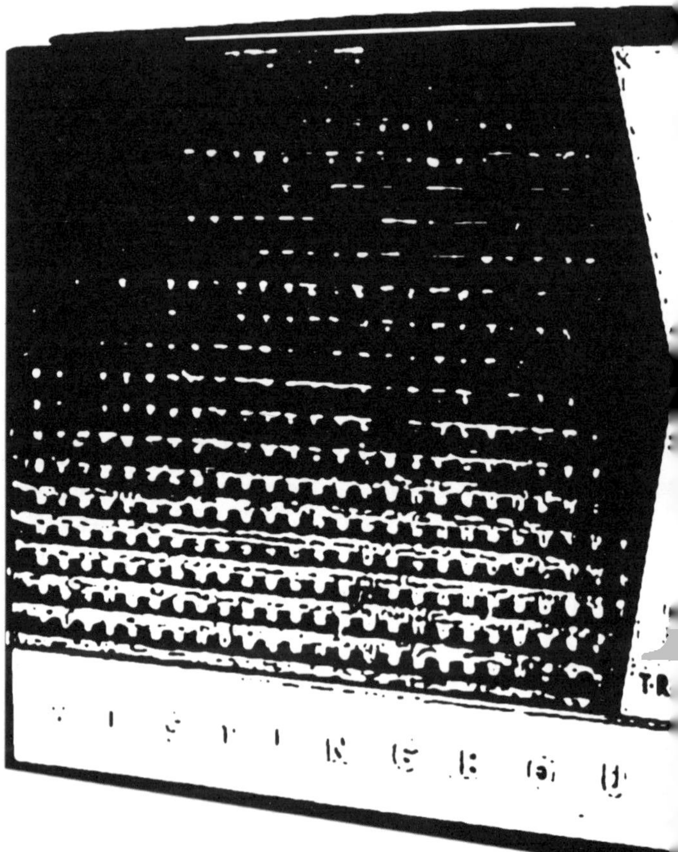

ALMANAQUE
DA RÁDIO NACIONAL

10

TESTE SEUS CONHECIMENTOS

TESTE SEUS CONHECIMENTOS

01. Que ator, produtor e diretor de programas da Rádio Nacional era casado com a estrela do cinema brasileiro, Eliana Macedo?

02. Qual era o nome do empresário de Cauby Peixoto?

03. Que ator fazia o Jerônimo, o herói do sertão?

04. Cantor que ficou famoso com a música Marcha do Gafanhoto (Uma palinha: "Gafanhoto deu na minha roça/ comeu, comeu/ toda minha plantação/ xô, gafanhoto, xô-xô/ deixa o pé de agrião/ pro meu pulmão!").

05. Que música abria e encerrava as transmissões da Rádio Nacional?

06. Que cantor atendia pela alcunha de "O Ditador de Sucessos"?

07. Com que ator (da Nacional) a cantora Marlene era casada?

08. Quais os produtos que faziam parte do Trio Maravilhoso Regina?

09. Quem eram os amigos do Anjo?

10. Quem fazia o papel do Metralha, amigo do Anjo?

11. "Se subiu..., ninguém sabe, ninguém viu..." Quem era a figura?

12. Quem era a Aninha?

13. Quem fazia o papel do Moleque Saci?

14. Qual era o nome do produtor de *Nada além de dois minutos*?

15. Nome do pior inimigo do Jerônimo?

16. Qual o nome do violonista Garoto?

17. Qual o verdadeiro nome da atriz Isis de Oliveira?

18. Com quem era casada a atriz Isis de Oliveira?

19. Quem era o apresentador do programa *Hora do Pato*?

20. Em que dia e hora ia ao ar *Hora do Pato*?

21. Quem era Manoel Tibúrcio Correa de Araújo?

22. Que produto se intitulava "o supremo renovador dos móveis"?

23. Que atores faziam a dupla Tancredo e Trancado?

24. Quem era o intérprete principal das *Histórias do Vovô Camarada*, transmitidas todas as terças, quintas e sábados às 19 horas?

25. Qual era o verdadeiro nome do cantor Ruy Rey?

26. Qual era o nome do cavalo do Moleque Saci?

27. Qual era o nome do cavalo do Jerônimo?

28. Em que cidade nasceu Jerônimo, o Herói do Sertão?

29. Qual era o nome da mãe do Jerônimo, o Herói do Sertão?

30. Que atriz fazia o papel da mãe do Jerônimo?

31. Por qual clube torcia a Emilinha Borba?

32. Quem era a cantora portuguesa da Rádio Nacional?

33. Rival da *Revista do Rádio* nas bancas?

34. Quem foi Otelo Trigueiro?

35. Como César de Alencar anunciava Emilinha Borba?

36. Qual era o verdadeiro nome da cantora Marlene?

37. Qual era o verdadeiro nome da cantora Ângela Maria?

38. Qual o nome de solteira de Emilinha Borba?

39. Qual a primeira novela da Rádio Nacional apresentada no horário das 21 horas?

40. Que músicos formavam o Quarteto Celeste?

41. Qual o verdadeiro nome da atriz Simone de Moraes?

42. Que artistas formavam o chamado Trio de Osso?

43. Quem foi eleita, em 1948, a Rainha do Rádio?

44. Que músicos formavam o Trio Surdina?

45. Quais os nomes dos integrantes do Trio Irakitan?

46. Quem foi o criador do programa *A turma do sereno*?

47. Quem foi o primeiro chefe do Departamento de Música Brasileira da Rádio Nacional?

48. Quem era o apresentador do programa *Música e beleza*?

49. Em que ano Luiz Gonzaga estreou na Rádio Nacional?

50. Quem produziu e apresentou o programa *Coisas do arco da velha*?

51. Quais os nomes dos componentes do Trio Melodia?

52. Quais as cantoras que formaram as Três Marias?

53. Qual o patrocinador do programa *Um milhão de melodias*?

54. Quem compôs o *jingle* da Detefon?

55. Quem escrevia as *Histórias do tio Janjão*?

56. Qual o verdadeiro nome da locutora Lúcia Helena?

57. Que dupla de atrizes gravou a música "Beijinho doce"?

58. Que atores faziam a dupla Neguinho e Juraci?

59. Qual o nome do prefeito do Rio de Janeiro (na época, Distrito Federal) que se apaixonou pela cantora Ester de Abreu?

60. Quem era casado com a cantora Heleninha Costa?

61. Que produto patrocinava as novelas das 21 horas?

62. Quem patrocinava o programa *Obrigado, Doutor*?

63. Em que dia da semana e em qual horário ia ao ar o programa *Balança mas não cai*?

64. Que ator fazia o papel do bandido Caveira no seriado *Jerônimo, o herói do sertão*?

65. Qual era o nome do detetive que auxiliava o inspetor Marques na série "Teatro de mistério"?

66. Quem escrevia o programa *Histórias do tio Janjão*?

67. Que atores faziam o gato Peixoto e o ratinho Tonico no programa *Histórias do tio Janjão*?

68. Qual o verdadeiro nome do cantor Jorge Goulart?

69. Onde nasceu o cantor Carlos Galhardo?

70. Quem compôs a música "A preta do acarajé"?

RESPOSTAS

1. Renato Murce – 2. Di Veras, o milionário Edson Colaço Veras – Milton Rangel – 4. Albertinho Fortuna – 5. Luar do sertão – 6. Déo – 7. Luís Delfino – 8. Água de colônia, talco e sabonete – 9. Na primeira fase, Campeão, Metralha e Gorila. Na segunda, Faísca, Jarbas e Metralha – 10. Osvaldo Elias – 11. Conceição – 12. A noiva de Jerônimo, o herói do sertão – 13. Cauê Filho – 14. Paulo Roberto – 15. Caveira – 16. Aníbal Augusto Sardinha – 17. Ivete Savelli – 18. Jairo Argileu – 19. Jorge Cury – 20. Aos domingos, às 13hs30min – 21. O ator e humorista Apolo Correa – 22. Óleo de Peroba – 23. Brandão Filho (Tancredo) e Apolo Correa (Trancado) – 24. Barbosa Júnior – 25. Domingos Zeminian – 26. Goiabada – 27. Príncipe – 28. Serro Bravo – 29. Maria Homem – 30. Tina Vita – 31. Botafogo – 32. Ester de Abreu – 33. Radiolândia – 34. Personagem da PRK-30 – 35. A minha, a sua, a nossa favorita – 36. Vitória Martino Bonaiutti – 37. Abelim Maria da Cunha – 38. Emília Savana da Silva Borba – 39. "Predestinada", de Oduvaldo Viana, no segundo semestre de 1943 – 40. Lírio Panicalli, Léo Peracchi, Elza Guarnieri e Luciano Perrone – 41. Rizoletta Pires de Moraes Louzada – 42. Heber de Boscoli, Yara Salles e Lamartine Babo – 43. Dircinha Batista – 44. Chiquinho, no acordeom, Garoto, ao violão, e Fafá Lemos, ao violino – 45. Edson Reis de França, o Edinho, João Manuel Costa Neto, o Joãozinho, e Paulo Gilvan Bezerril, o Gil – 46. Paulo Tapajós – 47. Humberto Teixeira – 48. Roberto Faissal – 49. 1943 – 50. Floriano Faissal – 51. Paulo Tapajós, Albertinho Fortuna e Nuno Roland – 52. Marília Batista, Bidu Reis e Salomé Cotelli, esta logo substituída por Regina Célia – 53. Coca-Cola – 54. Paulo Tapajós – 55. Oranice Franco – 56. Izilda Rodrigues Alves – 57. Eliana e Adelaide Chiozzo – 58. Floriano Faissal e Ismênia dos Santos – 59. General Dulcídio do Espírito Santo Cardoso – 60. Ismael Neto, líder do conjunto Os Cariocas – 61. O óleo de Peroba, o supremo renovador dos móveis – 62. Leite de Magnésia de Philips – 63. Sexta-feira às 21hs35min – 64. José de Arimatéia – 65. Detetive Zito – 66. Oranice Franco – 67. Altivo Diniz e Gerdal dos Santos, respectivamente – 68. Jorge Neves Bastos – 69. Argentina – 70. Dorival Caymmi.

no fundo da memória

O AMIGO DA ONÇA
PERSONAGEM DE
PÉRICLES

no fundo da memória

ASSOCIE OS ARTISTAS (COLUNA A) AOS PROGRAMAS (COLUNA B)

Coluna A	Coluna B
(1) Almirante	( ) *Eles cantam assim*
(2) Almeida Rego	( ) *Presídio de mulheres*
(3) Fernando Lobo	( ) *Nada além de dois minutos*
(4) Hélio do Soveral	( ) *A magnífica Elizeth Cardoso*
(5) Lourival Marques	( ) *Música brasileira pela Nacional*
(6) Renato Murce	( ) *A cidade se diverte*
(7) Mário Lago	( ) *Incrível, fantástico*
(8) Paulo Tapajós	( ) *Teatro de mistério*
(9) Paulo Roberto	( ) *Seu criado, obrigado*
(10) Haroldo Barbosa	( ) *Piadas do Manduca*

Respostas: (de cima para baixo): 3, 7, 9, 2, 10, 8, 1, 6, 5, 4

Coluna A	Coluna B
(1) *O apito no samba*	( ) Nora Ney
(2) *Castigo*	( ) Ester de Abreu
(3) *Menino grande*	( ) Linda Batista
(4) *Olhos verdes*	( ) Ademilde Fonseca
(5) *Coimbra*	( ) Dolores Duran
(6) *Nega maluca*	( ) Carmélia Alves
(7) *Galo garnisé*	( ) Emilinha Borba
(8) *Tomara que chova*	( ) Ângela Maria
(9) *Adeus querido*	( ) Dalva de Oliveira
(10) *Baião*	( ) Marlene

Respostas: (de cima para baixo): 3, 5, 6, 7, 2, 10, 8, 9, 4, 1.

Coluna A	Coluna B
(1) *Pois é*	( ) Jorge Veiga
(2) *Café Soçaite*	( ) Jorge Goulart
(3) *Escurinho*	( ) Gilberto Milfont
(4) *Sereia de Copacabana*	( ) Luís Gonzaga
(5) *Maria Escandalosa*	( ) Ciro Monteiro
(6) *Prá seu governo*	( ) Ataulfo Alves
(7) *Paraíba*	( ) Vicente Celestino
(8) *Porta aberta*	( ) Blecaute
(9) *O trem atrasou*	( ) Gilberto Alves
(10) *Vou beber*	( ) Roberto Paiva

Respostas: (de cima para baixo): 2, 4, 6, 7, 3, 1, 8, 5, 10, 9

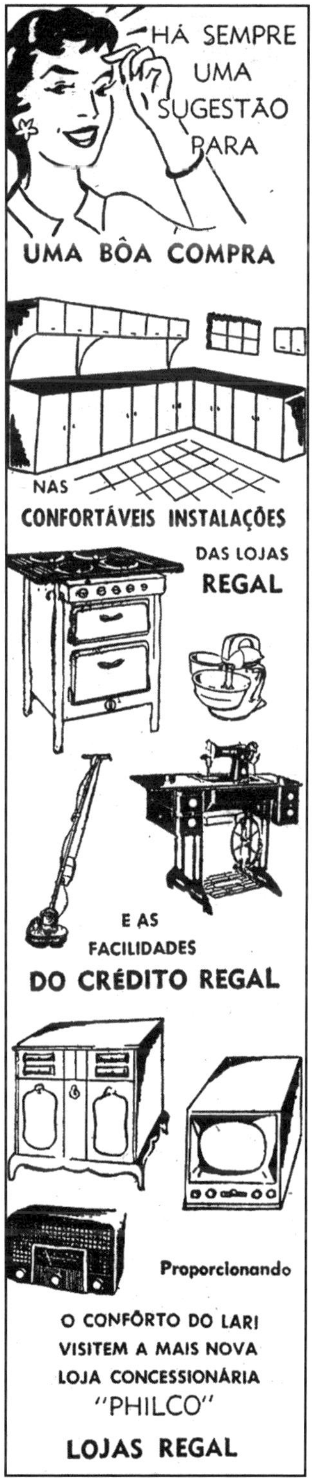

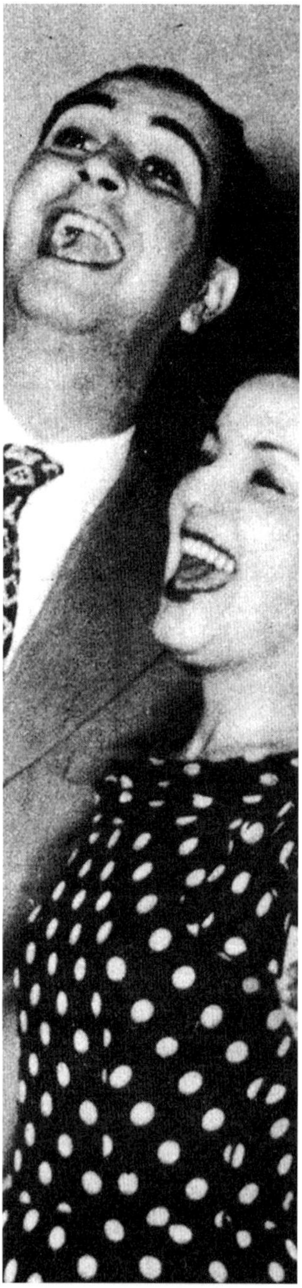

Coluna A
(1) Jerônimo
(2) Metralha
(3) Anjo
(4) Sombra
(5) Inspetor Marques
(6) Alberto Limonta
(7) Moleque Saci
(8) Cavaleiro da noite

Coluna B
( ) Roberto Faissal
( ) Cauê Filho
( ) Osvaldo Elias
( ) Milton Rangel
( ) Paulo Gracindo
( ) Álvaro Aguiar
( ) Rodolfo Mayer
( ) Saint-Clair Lopes

Respostas: (de cima para baixo): 8, 7, 2, 1, 6, 3, 5, 4

Coluna A
(1) Cauby Peixoto
(2) Ivon Cury
(3) Francisco Alves
(4) Sílvio Caldas
(5) Orlando Silva
(6) Carlos Galhardo
(7) Nuno Roland
(8) Nelson Gonçalves
(9) Francisco Carlos
(10) Albertinho Fortuna

Coluna B
( ) "Pirata da perna de pau"
( ) "A deusa da minha rua"
( ) "Marcha do gafanhoto"
( ) "Normalista"
( ) "Caminhemos"
( ) "Conceição"
( ) "Fascinação"
( ) "Rio de Janeiro"
( ) "Farinhada"
( ) "Aos pés da Santa Cruz"

Respostas: (de cima para baixo): 7, 4, 10, 8, 3, 1, 6, 9, 2, 5

Coluna A
(1) Déo
(2) Alcides Gerardi
(3) Roberto Silva
(4) Moreira da Silva
(5) Castro Barbosa
(6) Ruy Rey
(7) Almirante
(8) Joel de Almeida

Coluna B
( ) "Amigo urso"
( ) "A lua foi-se embora"
( ) "Na Pavuna"
( ) "Cubana"
( ) "Quem sabe, sabe"
( ) "Curare"
( ) "Antonico"
( ) "Não sei dizer alô"

Respostas: (de cima para baixo): 4, 5, 7, 6, 8, 3, 2

Você sabia?

Que Haroldo Barbosa chegou a escrever e produzir 9 programas semanais na Rádio Nacional? Que o nome completo do radioator Celso Guimarães era Celso Tinson Foot Hummell Guimarães?

Coluna A	Coluna B
(1) Trio Irakitan	( ) "Marcha do caracol"
(2) Quatro Ases e Um Coringa	( ) "Nova ilusão"
(3) Trigêmeos Vocalistas	( ) "Ave-Maria do morro"
(4) Trio Nagô	( ) "Andorinha preta"
(5) Os Cariocas	( ) "Cordão dos puxa-sacos"
(6) Anjos do Inferno	( ) "Prece ao vento"
(7) Trio de Ouro	( ) "Marcha do contra"
(8) Bando da Lua	( ) "A hora é boa"

Respostas: (de cima para baixo): 2, 5, 7, 1, 6, 4, 3, 8

Coluna A	Coluna B
(1) Odete Amaral	( ) "Barracão"
(2) Maysa	( ) "Taí"
(3) Aracy de Almeida	( ) "Mulata assanhada"
(4) Carmen Costa	( ) "Conversa de botequim"
(5) Aurora Miranda	( ) "Tem nego bebo aí"
(6) Carmen Miranda	( ) "Ouça"
(7) Elizeth Cardoso	( ) "Os quindins de Yayá"
(8) Heleninha Costa	( ) "Nosso amor não morreu"

Respostas: (de cima para baixo): 8, 6, 7, 3, 4, 2, 5, 1

Coluna A	Coluna B
(1) *No mundo da bola*	( ) Jorge Curi
(2) *Repórter Esso*	( ) Almeida Rego
(3) *A hora do pato*	( ) Almirante
(4) *A lira do Xopotó*	( ) Roberto Faissal
(5) *Crônica da cidade*	( ) Antonio Cordeiro
(6) *Curiosidades musicais*	( ) Paulo Roberto
(7) *Música e beleza*	( ) Renato Murce
(8) *Alma do sertão*	( ) Heron Domingues

Respostas: (de cima para baixo): 3, 5, 6, 7, 1, 4, 8, 2

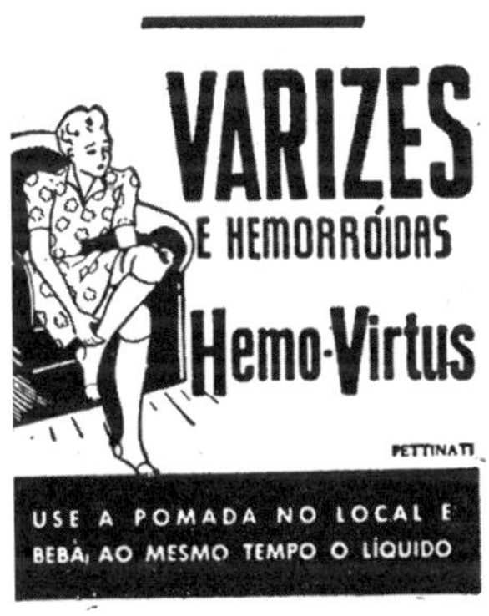

1. Um dos produtores a seguir foi revelado pelo programa *Papel Carbono*.
a) Max Nunes
b) Haroldo Barbosa
c) Chico Anísio

2. Qual profissão Sílvio Caldas abandonou para ser cantor?
a) Padeiro
b) Mecânico
c) Alfaiate

3. Qual foi a primeira emissora de Carmélia Alves?
a) Mayrink Veiga
b) Tupi
c) Nacional

4. Entre estes títulos figura a primeira novela escrita por Ghiaroni.
a) *Um raio de luz*
b) *Mãe*
c) *Em busca da felicidade*

5. Heleninha Costa fez sua primeira aparição no rádio em Santos, mas não é paulista. Em que estado ela nasceu?
a) Rio de Janeiro
b) Minas Gerais
c) Rio Grande do Sul

6. Em 1940, Emilinha Borba formou dupla com uma das cantoras a seguir:
a) Alzirinha Camargo
b) Bidu Reis
c) Dalva de Oliveira

Respostas: 1) Chico Anísio; 2) Mecânico; 3) Nacional; 4) Um raio de luz; 5) Rio de Janeiro; 6) Bidu Reis.

Você sabia?

Que o humorista Silvino Neto iniciou sua carreira como cantor de tangos, usando o pseudônimo de Pablo Gonzalez?

1. Um destes cantores no início de sua carreira interpretava melodias italianas.
a) Luís Vieira
b) Lúcio Alves
c) Risadinha

2. Padeiro foi a profissão de um dos cantores a seguir.
a) Jackson do Pandeiro
b) Gilberto Alves
c) Jorge Veiga

3. Aponte a radioatriz que começou como cantora:
a) Isis de Oliveira
b) Daisy Lúcidi
c) Simone Morais

4. Quem organizou o primeiro jornal falado do rádio brasileiro?
a) Heron Domingues
b) Roquete Pinto
c) Zoláquio Diniz

5. Um dos três produtores a seguir já foi jóquei, tendo corrido no hipódromo da Gávea.
a) Ghiaroni
b) Roberto Mendes
c) Hélio do Soveral

Respostas: 1) Luís Vieira; 2) Jackson do Pandeiro; 3) Simone Morais; 4) Zoláquio Diniz; 5) Roberto Mendes.

1. Em qual destes anos realizou-se, pela primeira vez, o concurso para a escolha da "Rainha do Rádio"?
a) 1936
b) 1939
c) 1942

2. Qual é o nome verdadeiro de Linda Batista?
a) Florinda Batista
b) Linda de Oliveira
c) Florinda de Oliveira

3. Antes do Trio de Ouro, Herivelto Martins formava dupla com o cantor Nilo Chagas. Qual o nome dessa dupla?
a) Dupla Vocalista
b) Dupla Preto e Branco
c) Dupla de Ouro

4. Ferjalla Riskalla era o verdadeiro nome de um destes cantores. Qual deles?
a) Bill Farr
b) Déo
c) Jimmy Lester

5. Lúcio Alves nasceu numa destas cidades mineiras.
a) Cataguazes
b) São João del Rey
c) São João Nepomuceno

Respostas: 1) 1936; 2) Florinda de Oliveira; 3) Dupla Preto e Branco; 4) Déo; 5) Cataguazes.

Você sabia?

Que o programa *Consultório Sentimental*, de Helena Sangirardi, recebia, em média, duzentas cartas por semana?

Bibliografia Almanaque

Os leitores encontrarão no texto referências diretas e indiretas a estes livros, que, uns mais, outros menos, foram imprescindíveis à montagem do *Almanaque da Rádio Nacional.*

AGUIAR, Jorge. *Nada além: a vida de Orlando Silva.* 2ª edição, São Paulo: Globo, 1995.

ALCIDES, Jota. *O rádio no Brasil.* Brasília: Fatorama, 1997.

BARBOSA, Valdinha & DEVOS, Anne Marie. *Radamés Gnatalli: o eterno experimentador.* Rio de Janeiro: Funarte, 1985.

BAUM, Ana, org. *Vargas, agosto de 1954.* Rio de Janeiro: Garamond, 2004.

BLANCO, Billy. *Tirando de letra & música.* Rio de Janeiro: Record, 1996.

CABRAL, Sérgio. *A MPB na era do rádio.* São Paulo: Moderna, 1996.

CABRAL, Sérgio. *Elisete Cardoso: uma vida.* Rio de Janeiro: Lumiar, s/d.

CABRAL, Sérgio. *No tempo de Almirante: uma história do rádio e da MPB.* Rio de Janeiro: Francisco Alves, 1990.

CABRAL, Sérgio. *No tempo de Ari Barroso.* Rio de Janeiro: Lumiar, 1997.

CALABRE, Lia. *A era do rádio.* Rio de Janeiro: Jorge Zahar Editor, 2002.

CASTRO, Ruy. *A onda que se ergueu do mar.* São Paulo: Companhia das Letras, 2001.

COARACY, Vivaldo. *Memórias da cidade do Rio de Janeiro.* Rio de Janeiro: José Olympio, 1965.

CONY, Carlos Heitor. *O ato e o fato:* Rio de Janeiro, Civilização Brasileira, 1964.

DUARTE, Paulo Sérgio & NAVES, Santuza Cambraia. *Do samba-canção à tropicália.* Rio de Janeiro: Faperj/ Relume Dumará, 2003.

ESQUENAZI, Rose. *No túnel do tempo.* Porto Alegre: Artes e Ofícios, 1993.

FAOUR, Rodrigo. Bastidores – *Cauby Peixoto: 50 anos da voz e do mito.* Rio de Janeiro: Record, 2001.

FAOUR, Rodrigo. *Revista do Rádio.* Rio de Janeiro: Relume Dumará, 2002.

FERREIRA, Paulo César. *Pilares: via satélite – da Rádio Nacional à Rede Globo.* Rio de Janeiro: Rocco, 1998.

FRÓES, Hemílcio. *Véspera do primeiro de abril ou*

nacionalistas x entreguistas. Rio de Janeiro: IMAGO, 1993.

GERSON, Brasil. *História das ruas do Rio*. 5ª edição, Rio de Janeiro: Lacerda Editores, 2000.

GOLDFEDER, Mirian. *Por trás das ondas da Rádio Nacional*. Rio de Janeiro: Paz e Terra, 1980.

HOBSBAWM, Eric. *Era dos extremos: o breve século XX (1914-1991)*. São Paulo: Companhia das Letras, 1995.

HOLANDA, Nestor de. *Memórias do café Nice: subterrâneos da música popular e da vida boêmia do Rio de Janeiro*. Rio de Janeiro: Conquista, 1970.

LAGO, Mário. *1º de abril: estórias para a história*. Rio de Janeiro: Civilização Brasileira, 1964.

LAGO, Mário. *Bagaço de beira-estrada*. Rio de Janeiro: Civilização Brasileira, 1977.

LISBOA JÚNIOR, Luiz Américo. *A presença da Bahia na música popular brasileira*. Brasília: Musimed, 1990.

LOBO, Fernando. *À mesa do Vilariño*. Rio de Janeiro: Record, 1991.

LOPES, Nei. *O negro no Rio de Janeiro e sua tradição musical*. Rio de Janeiro: Pallas, 1992.

MAYRINK, Geraldo & SALLES, Fernando Moreira. *Memorando*. São Paulo: Companhia das Letras, 1993.

MORAES, Mário de. *Recordações de Ary Barroso: último depoimento*. 2ª edição, Rio de Janeiro: Funarte, 2003.

MOREIRA, Sonia Virgínia. *O rádio no Brasil*. Rio de Janeiro: Mil Palavras, 2000.

MURCE, Renato. *Bastidores do rádio: fragmentos do rádio de ontem e de hoje*. Rio de Janeiro: Imago, 1976.

NEPOMUCENO, Rosa. *Música caipira: da roça ao rodeio*. São Paulo: Editora 34, 1999

PAIVA, Salvyano Cavalcanti de. *Viva o rebolado: vida e morte do teatro de revista brasileiro*. Rio de Janeiro: Nova Fronteira, 1991.

PEIRANO, Mariza. *Rituais: ontem e hoje*. Rio de Janeiro: Jorge Zahar Editor, 2003.

PERDIGÃO, Paulo. *No ar PRK-30*. Rio de Janeiro: Casa da Palavra, 2003.

RIBEIRO, Renato Janine. *O afeto autoritário: televisão, ética e democracia*. Cotia: Ateliê Editorial, 2005.

RODRIGUES, Sonia Maria Calazans. *Jararaca e Ratinho: a famosa dupla caipira*. Rio de Janeiro: Funarte, 1983.

SANTOS, Joaquim Ferreira dos. *Feliz 1958: o ano que não devia terminar*. Rio de Janeiro: Record, 1997.

SAROLDI, Luiz Carlos & MOREIRA, Sonia Virgínia. *Rádio Nacional: o Brasil em sintonia*. Rio de Janeiro: Funarte, 1984.

SEVERIANO, Jairo & MELLO, Zuza Homem de. *A canção no tempo: 85 anos de músicas brasileiras - vol. 1: 1901-1957*. São Paulo: Editora 34, 1997.

SEVERIANO, Jairo & MELLO, Zuza Homem de. *A canção no tempo: 85 anos de músicas brasileiras - vol. 2: 1958-1985*. São Paulo: Editora 34, 1998.

SOVERAL, Hélio do. *Departamento de Polícia Judiciária*. Rio de Janeiro: Vecchi, 1962.

TINHORÃO, José Ramos. *Música popular: do gramofone ao rádio e TV*. São Paulo: Ática, 1981.

TINHORÃO, José Ramos. *Música popular: um tema em debate*. 3ª edição, São Paulo: Editora 34, 1997.

TINHORÃO, José Ramos. *História social da música popular brasileira*. São Paulo: Editora 34, 1998.

VASCONCELOS, Ary. *Panorama da música popular brasileira*. São Paulo: Martins, 1964.

VELLOSO, Mônica. *Mário Lago: boêmia e política*. Rio de Janeiro: Fundação Getúlio Vargas, 1997.

VIEIRA, Jonas. *César de Alencar: a voz que abalou o rádio*. Rio de Janeiro: Valda, 1993.

Jornais e revistas

Inúmeros foram os números de revistas e jornais consultados: *O Cruzeiro*, *Manchete*, *Cigarra*, *Revista do Rádio*, *Radiolândia*, *Jerônimo, o herói do sertão*, *Aventuras do Anjo*, entre outras. *O Globo*, *Jornal do Brasil*, *O Pasquim*, *Bundas*.

Registro, em especial, a possibilidade que tive de adquirir, num sebo da cidade de Florianópolis, os seis números da *Revista da Rádio Nacional*, editada pela própria emissora, nos quais pude encontrar um vasto e precioso material sobre a PRE-8.

Leia também

NO AR: PRK30

O mais famoso programa de humor da Era do Rádio

Paulo Perdigão

Um dos maiores sucessos da Era do Rádio, o humorístico PRK-30 foi criado por Lauro Borges, que dividia a apresentação com Castro Barbosa. A dupla encarnava figuras hilariantes para divertir milhões de brasileiros. A edição inclui 2 CDs remasterizados com uma seleção de quase 2 horas de programas.

1ª edição	dezembro de 2007
impressão	Bartira Gráfica
tipologia	Minion